Dicionário dos Rosa-Cruzes

Erik Sablé

Dicionário dos Rosa-Cruzes

Tradução:
Renata Maria Parreira Cordeiro

MADRAS

Publicado originalmente em francês sob o título *Dictionnaire des Rose-Croix*,
por Éditions Dervy, 1996.
© 1996, Éditions Dervy, Paris.
Direitos de edição e tradução para todos os países de língua portuguesa.
Tradução autorizada do francês.
© 2006, Madras Editora Ltda.

Editor:
Wagner Veneziani Costa

Produção e Capa:
Equipe Técnica Madras

Tradução:
Renata Maria Parreira Cordeiro

Revisão:
Maria Cristina Scomparini
Silvia Massimini

Dados Internacionais de Catalogação na Publicação (CIP)
(Câmara Brasileira do Livro, SP, Brasil)

Sablé, Erik
Dicionário dos Rosa-Cruzes/Erik Sablé; tradução Renata Maria
Parreira Cordeiro. — São Paulo : Madras, 2006.
ISBN 85-370-0059-0
Título original: Dictionnaire des Rose-Croix.
1. Rosacrucianismo - Dicionários I. Título.
05-9746 CDD-135.4303

Índices para catálogo sistemático:
1. Rosacruz: Ordem: Esoterismo: Dicionários 135.4303

Proibida a reprodução total ou parcial desta obra, de qualquer forma ou por qualquer meio eletrônico, mecânico, inclusive por meio de processos xerográficos, incluindo ainda o uso da internet, sem a permissão expressa da Madras Editora, na pessoa de seu editor (Lei nº 9.610, de 19.2.98).
Todos os direitos desta edição, em língua portuguesa, reservados pela

MADRAS EDITORA LTDA.
Rua Paulo Gonçalves, 88 — Santana
CEP: 02403-020 — São Paulo (SP)
Caixa Postal: 12299 — CEP: 02013-970 (SP)
Tel.: (11) 6959-1127 — Fax: (11) 6959-3090
www.madras.com.br

INTRODUÇÃO

Estudar a Rosa-Cruz é confrontar-se a um só tempo com o mistério e com a mistificação.

Mistério de origem nunca elucidada por completo. Mistério do ressurgimento periódico dessa sociedade secreta, ao longo dos séculos, sob formas sempre diferentes: mística, maçônica, mágica.

Quando a Rosa-Cruz original, fortemente crística, apaixonada pelas utopias sociais e pela ciência nascente, parece extinta, bruscamente o movimento ressurge no século XVIII sob a forma maçônica. Depois, no século XIX, renasce ainda sob outros aspectos: mágico, intelectual ou até mesmo católico. Como se um mesmo arquétipo se manifestasse, a intervalos regulares, adotando um modo de expressão ou outro. Como se esse símbolo poderoso da Rosa-Cruz estivesse carregado de um estranho poder de fascinação que se perpetuasse de século em século.

Mas é também precisamente esse "poder" que está na origem das inúmeras mistificações que grassam na história do movimento rosacruciano. Pois, como tudo o que fascina, ele vela, embaraça, perturba, excita o imaginário e gera a invenção.

E aquele que aborda a história da Rosa-Cruz é confrontado com duas fontes muito diferentes.

De um lado, textos que se preocupam pouco com verificações históricas. São em geral relatos em que uma personagem conta o seu encontro com misteriosos rosa-cruzes que a instruem, confiam-lhe uma "missão", submetem-na às vezes a "provas". Não faltam exemplos, e esse esquema é encontrado desde o século XVIII com Petrus Mormius e a Rosa-Cruz de Ouro, ou ainda com esses misteriosos adeptos que C. E. Waechter teria encontrado em Florença (cf. Le Forestier).

Muitos outros historiadores modernos se limitam a retomar essas histórias sem verificá-las, reforçando o mito ao acrescentar um estrato de sedimento ilusório a outro até o momento em que a sua origem é quase totalmente ocultada.

Acerca disso, a lenda de Ormus é emblemática de uma ficção que se perpetuou ao longo dos séculos. Criada para explicar a origem da Rosa-Cruz de Ouro do Antigo Sistema, foi retomada por De Nègre, o fundador do rito de Memphis, em seguida por Pierre Plantard a respeito do Priorado de Sião...

De outro lado, temos estudos históricos sérios, em geral redigidos por universitários, que não anunciam nenhuma tese sem que esta esteja fundada em documentos verificáveis.

Essa abordagem está na origem dos trabalhos notáveis, fortemente documentados e precisos.

Le Forestier, Antoine Faivre, Roland Edhigoffer podem ser considerados os principais representantes dessa corrente.

Devem-se-lhes descobertas extremamente preciosas, e eles mostraram que muitos relatos veiculados pela tradição eram destituídos de todo e qualquer fundamento.

Para começar um trabalho sério é, portanto, necessário confrontar-se, primeiro, com esses estudos para conhecer o núcleo de verdade sobre o qual apoiar o discurso.

Porém, tais trabalhos têm também defeitos, além de qualidades, e às vezes são fechados. Aprisionados pela sua vontade de provar, obliteram algumas hipóteses que poderiam revelar-se extremamente frutuosas.

Foi por isso que adotei neste dicionário um ponto de vista mediano, que, ao mesmo tempo em que se apóia o máximo possível em estudos históricos, permite vislumbrar possibilidades que não são forçosamente certezas.

Por exemplo, no que tange à origem da Rosa-Cruz, não se menciona a existência de nenhuma sociedade rosacruciana anterior em manifesto algum. Porém, a amplitude do movimento e certo número de indícios tornam provável a presença subjacente de uma ou de várias sociedades mais ou menos secretas. Porque é igualmente preciso contar com essa parte invisível da história que não deixa traços e de que podemos desconfiar por vezes atrás do véu das aparências.

A forma do dicionário possibilita, aliás, semelhantes aberturas. Não é um objeto fechado, e deixa a cada qual a possibilidade de fazer a sua escolha e prosseguir a sua própria busca.

ADVERSÁRIOS

Na França, desde a publicação dos manifestos e do cartaz de Paris, os rosa-cruzes foram violentamente atacados pela Igreja católica e particularmente pelos jesuítas, ferro de lança da contra-reforma.

O padre Jacques Gaultier (1560-1636) vê na Rosa-Cruz um traço do luteranismo mesclado a satanismo. O padre François Garasse (morto em 1630) pede para eles a roda ou o cadafalso. O historiador Gabriel Naudé (1600-1653), bibliotecário de Richelieu, em seguida de Mazarin, publica em 1623 em Paris uma *Instrução à França sobre a verdade da história dos Irmãos da Rosa-Cruz,* na qual expõe as suas idéias e julga a sua ação quimérica, politicamente perigosa e antipapista. Um panfleto anônimo intitulado *Temerosos pactos feitos entre o diabo e os pretensos invisíveis* (1623) afirma que os seus poderes milagrosos vêm do diabo.

Na Alemanha, Heinrich Neuhaus considera-os anabatistas disfarçados, outros pensam que são jesuítas (estamos em terra protestante), outros ainda que praticam magia negra ou que não passam de alegres brincalhões...

AGRIPPA (HENRIQUE CORNÉLIO)

Henrique Cornélio Agrippa de Nettesheim nasceu em 1486 em Colônia.

Em 1520, ele obtém licenciatura em Artes na universidade local, mas já é rebelde. Prefere estudar Raymond Lulle e Alberto, o Grande a São Tomás de Aquino, que é então o "pensador oficial". Aliás, é no *Speculum* de Alberto, o Grande que ele se inicia muito jovem nas ciências ocultas.

Na seqüência, faz uma primeira estada em Paris por volta de 1505. É sem dúvida nessa época que ele funda uma sociedade secreta ou a ela adere: a famosa *Comunidade dos Magos**.

Pouco depois, participa de uma missão militar na Espanha.

Quando retorna, pratica por um tempo a Alquimia em Avignon e prossegue com as suas pesquisas sobre a Cabala e o hermetismo.

---

* Cada palavra ou grupo de palavras seguido de um asterisco corresponde a um verbete no dicionário.

Após esses estudos, ele dá, em Dole (no Jura), uma série de conferências sobre o *De verbo mirifico* de Reuchlin. Mas é violentamente atacado pelo superior dos franciscanos da província da Borgonha. O superior denuncia nele um herético enviado pelos judeus, que ousou introduzir a Cabala em uma universidade cristã.

É obrigado a deixar Dole.

Em 1510, encontra o abade Trithème de Spanheim, seu "mestre", que lhe aconselha a prudência.

A seguir, parte para Londres, onde fica alguns meses.

Freqüenta o pensador humanista John Colet, com o qual estuda as epístolas de São Paulo e talvez a Cabala.

De volta, redige a sua obra maior, o *De occulta philosophia*, mas terá de esperar até 1531 para mandá-la imprimir. Daqui até lá, vai circular como manuscrito.

Em 1511, parte para a Itália por ordem do imperador Maximiliano para uma missão diplomática. A Itália do século XVI é muito rica intelectualmente e ele fica lá por sete anos. Conhece o cardeal Egídio de Viterbo e Agostinho Ricci, um judeu convertido, ambos apaixonados pela Cabala. Faz conferências aos universitários de Pávia e de Turim sobre o Poimandres de Hermes Trismegisto,[1] aprofunda Pico della Mirandola, Marsílio Ficino,

---

1. Nome que os gregos davam ao deus egípcio Thoth. Atribuía-se-lhe um grande número de livros. Restam alguns fragmentos curiosos desses livros, em que a influência platônica se junta à da Bíblia.

escreve sobre *O Banquete* de Platão. Mas, após a vitória de Marignan, ele tem de fugir do avanço das tropas francesas. Perde os seus livros, manuscritos, cargo universitário e se refugia então na corte do marquês de Montferrat, em Casala Monteferrato.

Em 1518, instala-se em Metz como orador e advogado. A sua situação social é invejável. Ele pode continuar os seus estudos em paz e redige uma obra sobre o pecado original. Mas toma também a defesa de uma camponesa acusada de feitiçaria e torturada por um inquisidor chamado Savini. Esse ato corajoso conquista a admiração dos seus amigos, mas ele tem de deixar a cidade, onde não está mais em segurança.

Então, retorna a Colônia, em seguida vai a Genebra, onde volta a se casar após a morte da sua primeira esposa.

Em 1524, está em Lyon. Torna-se um dos médicos de Luísa de Savóia, mãe de Francisco I. Porém, a sua simpatia pelos Bourbons é malvista na corte e lhe retiram a pensão.

Atravessa, então, um período difícil. É nesse momento que redige o seu tratado *Da incerteza e da vaidade das ciências,* cujo propósito é parecido com o de Erasmo no seu *Elogio da loucura.*

Em 1528, vive na miséria. Consegue, entretanto, voltar para Anvers, onde pode exercer a Medicina. Pratica também, secretamente, a Alquimia e a Astrologia.

Em 1529, perde a segunda mulher durante a epidemia de peste.

É em 1530 em Anvers que vem a lume, pela primeira vez, *Da vaidade das ciências*, que é condenado pela Faculdade de Louvain e pela Sorbonne. O autor tem de fugir.

Porém, o arcebispo de Colônia o convida para se instalar com ele em Bonn.

Apesar do ódio dos monges e notadamente de um inquisidor chamado Conrado Colyn de Ulm, que quer a morte dele, a publicação das suas obras é retomada, graças ao apoio do arcebispo e dos seus inúmeros amigos...

Em 1535, está de novo em Lyon, onde Francisco I manda prendê-lo por ter escrito contra a rainha-mãe. Os seus amigos conseguem libertá-lo, mas ele morre em 1536 em Grenoble, durante uma última viagem.

***

Segundo Jean Bricaud, ele estaria diretamente ligado à Rosa-Cruz, posto que a sociedade secreta que ele fundou em Paris seria a origem do "movimento rosacruciano" (ver *Comunidade dos Magos*).

Ireneu Filaleto afirma até mesmo que ele foi investido das funções de Imperator.

É certo que essa sociedade secreta existiu. Sabe-se disso por alusões epistolares, notadamente na carta de um certo dr. Landolf de Lyon, que lhe recomendava alguém que "queria prestar juramento para entrar no seu conclave". E historiadores recentes como Nauert e Paslo Zambelli também chegaram às mesmas conclusões. Na verdade, a sua vida revela-se extremamente misteriosa. Durante as suas múltiplas errâncias, ele sempre encontrou pessoas suscetíveis de recebê-lo, de sustentá-lo. Uma rede que explicaria a existência de semelhante sociedade. Porém, não há nenhuma prova histórica de uma filiação entre essa sociedade secreta e o movimento rosacruciano.

Todavia, as suas idéias são tais e quais as dos primeiros rosa-cruzes. Ele cita as "conclusões cabalísticas" de Pico della Mirandola, Reuchlin, Marsílio Ficino. Corresponde-se com Erasmo, Mélanchton (o amigo de Lutero). Conhece John Colet.

Dedica-se, a um só tempo, à Cabala cristã e ao humanismo que precedeu a reforma.

Valentin Andrea*, aliás, quase pôde escrever o seu tratado *Da incerteza e da vaidade das ciências*, em que denuncia não apenas as ciências ocultas, mas também os costumes corrompidos da Igreja (particularmente dos monges), bem como todas as formas de conhecimentos: a Teologia ("que não vale mais do que a Agricultura"), a Geometria, a Física, a Gramática, a Poesia, a Medicina, a Jurisprudência, a Dialética, etc. Portanto, tudo é vão, exceto o "Verbo de Deus", Jesus Cristo, que podemos conhecer nas Escrituras.

Ele publicou esse texto alguns anos antes do *De occulta philosophia,* que é uma exposição dos conhecimentos ocultos. Mas, se estudarmos bem este último, perceberemos que ele termina pela invocação do nome de Jesus Cristo, considerado o mistério supremo.

Ver *Comunidade dos Magos**.

ALQUIMIA

Todos aqueles que participaram da elaboração dos manifestos rosacrucianos eram apaixonados por Alquimia. E já Radtichs von Brotoffer*, no seu *Elucidarius major,* publicado em 1617, sustenta que os três escritos são obras alquímicas.

Contudo, nos manifestos rosacrucianos, é recomendado "fugir dos livros alquímicos e das suas sentenças", e Michael Maïer* afirma que "a Alquimia não passa de uma arte secundária".

Isso porque os rosa-cruzes distinguem dois tipos de conhecimentos alquímicos: os que visam ao abandono do velho homem e a regeneração espiritual. É a sua obra principal, que eles chamam de Ergon e que contém a fórmula citada por Wittermans em seu *Histoire des Rose-Croix* (p. 101): "Vós próprios sois a pedra filosofal, o vosso próprio coração é a matéria-prima que deve ser transmutada em ouro puro". E o outro, o Parergon, que é secundário e que visa à transmutação material dos metais e à obtenção do "elixir da longa vida"...

Ver *Bodas químicas**, *Brotoffer (Radtichs von)**, *Sweighart (Theophilus)**.

AMORC

A Anticus Mysticusque Ordo Rosae Crucis (antiga e mística ordem da Rosa-Cruz) foi fundada em Nova York em 8 de fevereiro de 1915. Spencer Lewis* foi eleito Grão-Mestre da ordem pelo supremo conselho em abril do mesmo ano; em seguida, os primeiros membros foram iniciados e uma primeira loja foi criada em Pittsburgh, na Pensilvânia. Foi, aliás, nessa cidade que se deu a convenção nacional de 1917, durante a qual foi tomada a decisão de criar um ensino por correspondência, como já o haviam feito P. B. Randolph* e Max Heindel*.

A sede da AMORC mudou, na seqüência, sucessivamente para São Francisco, Tampa na Flórida e, finalmente, para São José na Califórnia, onde ainda está. É hoje em dia um local Particularmente vasto que compreende um laboratório de Parapsicologia, uma galeria de arte moderna, um museu, uma biblioteca, um planetário.

O sucesso da Ordem foi imediato nos Estados Unidos e ela se tornou rapidamente uma organização que tem vários milhões de adeptos.

Quando Lewis morreu, foi o filho dele, Ralf (1904-1987), que o sucedeu. Excelente administrador, deu ainda mais amplitude à obra do pai. Mas, depois que ele morreu, em 1987, o conselho da Grande Loja suprema nomeou um universitário especialista em Descartes, Gary L. Stewart (nascido em 1953), para a direção. Este último desviou grandes quantias de dinheiro que pertenciam à Ordem para uma conta pessoal em Andorra, o que provocou uma grave crise em 1990, que resultou na sua destituição e na nomeação de um francês, Christian Bernard, como Imperator.

***

Mas, para compreender a importância da França e dos países francófonos na AMORC, é preciso saber que, paralelamente ao seu desenvolvimento nos Estados Unidos, outros centros da ordem foram muito rapidamente criados na Europa, notadamente na Suíça (por um discípulo de Joséphin Péladan*, o dr. Bertholet*), na Áustria e na França. Porém, ficaram bastante independentes do centro norte-americano até depois da Segunda Grande Guerra.

A seção francesa foi, primeiro, dirigida por Hans Grüter, um cirurgião dentista suíço que vivia em Nice e era apaixonado por radiestesia médica. Mas foi com Jeanne Guesdon, nomeada para a chefia do movimento em 1954, que a Ordem tomou toda a sua expansão. Ela havia aderido em 1926, enquanto vivia em Cuba. De volta ao continente, em 1930, havia se tornado Grande Secretária da Ordem e intérprete preferida de Spencer Lewis por ocasião das suas estadas na Europa. Contrariamente a Bertholet* e mesmo a Hans Grüter, que queriam uma organização composta de pequenos círculos confidenciais, ela decidiu aplicar os métodos norte-americanos e transformar a Ordem em um vasto movimento de massa. Traduziu as monografias que serviam para o ensino por correspondência, retomou uma revista intitulada *A Rosa-Cruz* e, finalmente, legou à Ordem a sua propriedade familiar de Villeneuve-Saint-Georges.

Raymond Bernard sucedeu-a em 1959. Continuou a sua obra implantando lojas em todas as cidades importantes da França e da África francófona, onde a AMORC teve imenso sucesso.

O seu filho Christian Bernard foi nomeado Grão-Mestre para os países de língua francesa em 1977. Em 1986, seu pai, ainda núncio supremo para a Europa, deixou-lhe toda a direção da Ordem. Ele próprio tomou uma outra orientação e fundou o CIRCES (Centro internacional de pesquisa cultural e espiritual), de inspiração mais templária.

***

Qual é a doutrina da AMORC?

Para começar, embora a Ordem reclame para si a Rosa-Cruz, não dá grande importância aos manifestos (a *Fama** e a *Confessio**). Estes não seriam os primeiros escritos da Fraternidade, mas o simples sinal de um ressurgimento que se produziria de 108 em 108 anos.

Curiosamente, Spencer Lewis atribui, ademais, a redação da *Fama* a Francis Bacon*.

Para ele, a tradição rosacruciana remontaria muito mais longe, ao faraó Tutmósis III. Ele teria organizado uma loja esotérica de 12 membros (nove irmãos e três irmãs) que se reuniam no templo de Karnak. Depois, a Ordem se teria perpetuado na Grécia, na Alemanha, em seguida na França, em Toulouse, na época de Carlos Magno. Raimundo VI é, aliás, considerado um grande rosa-cruz ao lado de Pitágoras, Plotino, Dante*, Bacon* e muitos outros...

O ensino espiritual propriamente dito (à parte alguns desenvolvimentos particulares) é o desse "fundo comum" da tradição esotérica que se encontra por trás de muitos movimentos iniciáticos contemporâneos mais ou menos influenciados pela teosofia de Madame Blavatsky. O homem possui uma "alma" que não passa de um fragmento de um ser universal espalhado por todo o Universo. Ele se reencarnaria de 144 em 144 anos para pagar as suas "dívidas cármicas" e o discípulo deve evoluir de iniciações em iniciações para integrar a Grande Fraternidade branca a que teriam pertencido Krishna, Zoroastro, Platão, o Buda, Jesus Cristo, etc.

O ensino é difundido por correspondência, sob a forma de monografias, e o discípulo que faz o trabalho pedido se eleva progressivamente pelos 12 graus da Ordem (os nove graus que se encontram na maior parte das organizações rosacrucianas desde a Rosa-Cruz de ouro*, depois três secretos), estendendo-se à totalidade do ciclo por cerca de 15 anos.

Esse "trabalho sobre si" compreende exercícios respiratórios, recitações de "mantras", cerimônias em que são usados um espelho, velas, incenso e, pouco a pouco, o aluno chega ao domínio do desdobramento astral, à visão da aura (sétimo grau), depois, nos graus posteriores, à clarividência e ao contato com a "consciência cósmica".

Mas o ensino também possui um caráter extremamente concreto, já que são propostos métodos de visualização para ganhar dinheiro e ser bem-sucedido em um negócio.

Com semelhantes práticas, estamos evidentemente muito longe da Rosa-Cruz original de Valentin Andrea* e amigos. Porém, a grande difusão da AMORC sem dúvida possibilitou a muitos pesquisadores sinceros, e por vezes isolados, tomarem contato com a espiritualidade e o esoterismo.

Ver *Lewis (Spencer)**.

ANDREA (Valentin Johanna), 1586-1654

Foi a ele que se atribuíram por muito tempo os três escritos anônimos fundadores do movimento rosacruciano: a *Fama*, a *Confessio* e as *Bodas químicas*. Mas, se parece que ele realmente escreveu o último, provavelmente só colaborou na elaboração dos outros dois.

Na época da publicação dos dois manifestos e das *Bodas*, V. *Andrea* é estudante de Teologia em Tübingen, no Wurtemberg. O seu avô Jacob havia sido um dos mais ilustres teólogos do seu tempo e um dos redatores da fórmula de concórdia que visava a unir luteranos e calvinistas.

É um aluno brilhante que se apaixona por Teologia, línguas antigas, Matemáticas, Óptica, Astronomia, História, Geografia, Genealogia, bem como por Astrologia e por Alquimia. Mas, em 1607, ele se mesclou à redação de um panfleto que ridicularizava Matthaüs Enlin, um conselheiro do duque de Wurtemberg, Frederico I. Tem de deixar a universidade, embora seus professores o apóiem.

Tenta fazer-se esquecer partindo em viagem. Visita a França, a Suíça, a Itália. De volta à Alemanha, torna-se o preceptor do filho do barão Catianer em Lauringen.

Em 1610, termina a sua tese de doutorado em Teologia, mas lhe é sempre recusado um cargo pastoral.

Vislumbra, então, abandonar esse ofício e redige um livro de Pedagogia intitulado *Theodosius*. Freqüenta também um relojoeiro, um ourives, um marceneiro. Aprende a tocar violino e cítara. Interessa-se pelas novas técnicas: fontes, minas e por todos os mecanismos engenhosos que se encontrarão, aliás, descritos nas *Bodas químicas*.

Mas, enfim, obtém uma colocação de pastor sufragâneo em Vaihingen que lhe deixa muito tempo livre.

Em 1608, encontra o seu primeiro mestre, Tobias Hess*; depois, em 1614, Johann Arndt*, um discípulo espiritual de Tauler profundamente místico.

Por volta de 1613, reúne ao seu redor certo número de amigos apaixonados pela Alquimia, pela Cabala, por Paracelso* e por Campanella*, em uma "sociedade sábia e cristã".

Entre eles: Johann Arndt*, Cristóvão Besold*, Tobias Hess*, von Wense, que se envolverão, todos, no movimento rosacruciano.

Estão à procura de uma fraternidade verdadeiramente cristã.

Em 1614, casa-se com Agnes Elizabeth Grüninger. Têm nove filhos.

Mas a peste grassa na Alemanha. Colheitas são destruídas. Tübingen é inundada e a Faculdade de Teologia tem de mudar-se para Calw.

A seguir, a Guerra dos Trinta Anos. Em 1634, as tropas da Baváira, da Suécia e da Croácia destroem a cidade de Calw. A casa de Valentin Andrea é queimada. A sua biblioteca é reduzida a cinzas. Instrumentos científicos, manuscritos não editados, pinturas de Dürer, de Granach, de Holbad desaparecem.

Então, ele se muda para Stuttgart, onde se torna uma personagem importante. É inspetor eclesiástico, em seguida predicador na corte, onde pronuncia mais de um milhar de sermões. Goza da proteção do duque de Brunswick graças à amizade de Wilhem von Wense, um aristocrata discípulo de Campanella*.

Apesar disso, toda a sua vida foi caluniada pelo papel que ele desempenhou no nascimento do movimento rosacruciano. No entanto, renegou os seus escritos em 1615. Nas suas *Vinte e quatro cartas do Hércules cristão*, por exemplo, não há palavras suficientemente duras para conspurcar a "brincadeira de uma certa fraternidade rosácea". Pois, se ele realmente participou do "caso" rosacruciano, logo dele se desembaraçou, porque comprometia as suas atividades e sobretudo porque era contrário às suas idéias, mais cristãs que esotéricas.

***

A sua obra é importante: o *Hércules cristão** em 1615, o *Convite à fraternidade de Cristo* em 1617, *A Mitologia cristã, Cristianópolis*, Turris Babel** em 1619, *Theophilus* em 1649, etc. Todos esses livros são puros tratados de espiritualidade ou de apelos à união dos cristãos e à reforma da Igreja.

Na verdade, toda a sua obra obedece ao mesmo esquema: o turbilhão do mundo absorve o homem. Só a renúncia, a morte de si mesmo, permite a regeneração e a descoberta de uma terra nova e harmoniosa.

Ele condena todos os aspectos da sua época, que o revoltam porque são contrários ao Evangelho. Critica a Igreja reformada, os teólogos perdidos em vãs especulações, os pastores ignaros e ávidos por vantagens materiais, os príncipes decadentes, o ensino esclerosado, os tribunais corrompidos.

Apregoa uma reforma geral da sociedade. Mas essa reforma não é uma simples visão teórica. Toda a sua vida ele trabalhará: reabriu a Academia de Tübingen, criou escolas e, durante a Guerra dos Trinta Anos em Calw, deu prova de um real espírito evangélico, ao se devotar aos seus concidadãos.

Ver *Fundação dos tintureiros*, Círculo de Tübingen*, Bodas químicas*, Hércules cristão*, Cristianópolis*, Turris Babel**.

Apologia compendiaria fraternitatem de Rosae Cruce afluens

Obra de Robert Fludd* que causou grande alarde. Veio a lume em 1616 em Londres.

Nessa obra, o autor desenvolve os temas clássicos do pensamento rosacruciano. A sabedoria dada por Deus a Adão em seguida se transmitiu a todos os profetas e sábios. A presença desse espírito de sabedoria, portanto, permanece até hoje. É o maná escondido, o pão dos anjos, a estrela matutina. A verdade inspirada por esse "espírito" é guardada por uma elite e será revelada antes do fim dos tempos. Mas não são nem os doutores em Teologia nem o papa que formam essa elite. Na verdade, nenhum deles faz milagres, nenhum cura os doentes como faz aquele que possui realmente os dons do Espírito Santo. Só os rosa-cruzes são as verdadeiras chaves do conhecimento da alegria do Paraíso. Porém, acrescenta Robert Fludd, se são ricos em riqueza divina, permanecem pobres e desconhecidos no mundo.

ARÁBIA

Nos manifestos rosacrucianos, Christian Rosenkreutz* vai instruir-se na cidade de Damcar no atual Iêmen.

É lá que ele traduz o *Liber M.* * em latim.

Valentin Andrea * teve conhecimento desse país pelo *Atlas* de Gérard Mercantor e pelo *Theatrum Orbis Terrarum* de Abraham Ortelius.

No século XVII, a Arábia era uma região mítica: a *Arabia felix*, cheia de jardins, de palácios; repleta de mistérios, depositária de conhecimentos ignorados. Uma região onde vivia o pássaro Fênix.

ARNDT (Johann), 1555-1621

Teólogo, médico, alquimista. *Valentin Andrea* considerava-o seu pai espiritual: dedicou-lhe a sua *Cristianópolis** e, quando ele foi nomeado doutor em Teologia, o seu discurso inaugural foi uma apologia de Johann Arndt. Enfim, na sua autobiografia, considera que foi ele quem lhe abriu as portas da "verdadeira religião". Escreve notadamente: "Arndt foi para o nosso século uma trombeta ruidosa que despertou com estrondo as massas protestantes adormecidas e desprezíveis e que, desviando-as dos apelos dissimulados, exortou-as a atos sérios e sinceros".

Ademais, ele editou trechos das suas obras com o título *Similia ex cristianismo genuino J. Arndtii theologi insignis Collata* em 1625.

Com exceção do lugar central que ele ocupa junto a Valentin Andrea* e amigos, Johann Arndt pode, portanto, ser considerado como estando no "centro" do movimento rosacruciano.

***

Johann Arndt nasceu em Ballenstadt, no ducado de Anhalt, muito marcado pelo Calvinismo, sob o reinado de Joaquim Ernst (1536-1586).

Era filho de pastor, mas o seu pai morreu quando ele tinha 10 anos.

Começou, primeiro, os seus estudos de Medicina, mas uma grave doença lhe fez preferir a carreira teológica. Estudou, de início, em Helmsted, depois em Wittemberg, e, enfim, em Estrasburgo e na Basiléia.

Em 1586, estava de volta a Ballenstadt como pastor. Foi ali que se casou e, embora não tenha tido filhos, pensa-se que o casamento foi feliz.

Em 1584, foi nomeado para Badeborn, um pequeno vilarejo da região. Naquela época, ele era luterano ortodoxo, já que assinara o *Bekenntnis zun Abendmahl*, redigido contra a fórmula de concórdia de Jacob Andrea (o avô de Valentin Andrea) e o Calvinismo em geral. E foi por fidelidade a essa assinatura que ele preferiu exilar-se a aceitar compromissos. Em 1590, mudou-se, portanto, para Quedlinburg para lá exercer a sua função de pastor. Durante toda essa época, ele se dedicou com muita caridade ao serviço dos pobres, dos quais cuidava (na qualidade de médico) e a quem instruía (na condição de pastor). Portanto, exercia uma dupla função que o liga, aliás, estreitamente aos seus escritos, já que para ele a regeneração espiritual é em geral comparada a uma cura.

Sabemos, graças aos seus primeiros ensaios, que ele fora fortemente influenciado pela *Teologia germânica*, obra revelada por Lutero, mas que pertence à corrente da mística renana.

Nos *Dez sermões* e na *Iconografia*, publicados em 1596 e 1597, ele ainda luta contra os calvinistas. Quer provar-lhes que é melhor pregar a Bíblia do que destruir as estátuas das igrejas. E já ele fala da importância de ensinar na prática ativa a moral evangélica do que a especular teologicamente. Um tema que será abundantemente retomado não apenas por Valentin Andrea* e amigos, mas também pela maioria dos escritores rosacrucianos dessa época (Madatanus*, Sweighart*, etc.).

A epidemia de peste de 1598 que matou cerca de 6 mil habitantes da cidade lhe pareceu um sinal divino e lhe inspirou uma obra sobre o tema, *Geistliche Seelenarznei wieder die Seuche der Pestilenz*, que veio a lume no mesmo ano.

Mas a sua vontade de reformar as almas e talvez a sua reputação de alquimista o tornaram impopular e ele preferiu aceitar um posto na igreja principal de

Brunswick, uma cidade "republicana" de 15 mil habitantes em revolta permanente contra os príncipes dos quais era a vassala.

Viveu lá dez anos, de 1599 a 1609, e foi nessa cidade que publicou em 1605 o primeiro livro da sua obra maior, o *Wahres Christentum* (Do verdadeiro Cristianismo), que trata da penitência. Foi traduzido para o latim, francês (por Samuel de Beauval em 1723-1724) e para quase todas as línguas da Europa. Tornou-se, outrossim, o livro básico do grupo de pietistas do "Combate pela penitência".

Mas essa obra lhe atraiu vivas censuras de alguns teólogos luteranos, notadamente de Luc Osiander. E essa hostilidade recrudesceu quando ele mandou editar a *Teologia germânica*, seguida de *A imitação de Jesus Cristo*, e dois opúsculos de Stanpitz sobre o amor de Deus. Portanto, teve de esperar o ano de 1609 para publicar os três últimos livros do *Wahres Christentum*... Mas é verdade que ele já não morava em Brunswick. Pois a partir de 1609 e até 1611, Johann Arndt viveu em Eisleben, uma cidade menor e mais liberal, onde se tornou amigo do conde Jobst.

De Eisleben, partiu para Zelle, onde ficou até a morte, em 1621. Era uma cidadezinha comercial de 3 mil habitantes em que o irmão do soberano Ernesto II, Christian, nomeou-o superintendente geral das igrejas do ducado de Lüneburg. Nessa época, Johann Arndt é, portanto, um personagem importante encarregado de renovar o culto. Ele inspeciona as paróquias e participa da publicação de uma nova versão da constituição eclesiástica de 1594.

Redige, também, muitos tratados de Teologia:

— *Summa und Inhalt der Ganzen Heiligen Schrift;* [Suma e conteúdo de todas as Sagradas Escrituras], que foi perdido;

— *Postille uber die Evangelien;* [Postilho sobre o Evangelho] (1615-1616);

— *Vom Wahren Glauben und vom heiligen Leben*; [Da Verdadeira fé e da vida santa] (1620);

— *De unione credentium* [União dos fiéis com Cristo] (1620);

— *Von der heiligen Dreifaltiglcirt;* [Da Santíssima Trindade] (1620);

— *Repetitio apologetica* (1620);

— *Informatorium biblicum* (1621).

Ele pronuncia também sermões dos quais alguns serão publicados: *Katechismus predigten* (1616) e *Psalterkatechismus und Haustafelpredigten* (1617), bem como orações fúnebres.

Mas escreve igualmente o prefácio para uma reedição das obras de Tauler, um tratado sobre Valentin Weigel, um comentário das plantas de Kunrath e, em 1621, reedita uma obra de Alquimia, *De vera medicina seu carmen de lapide philosophorum.*

E quando se conhecem os problemas encontrados por Valentin Andrea*, após a publicação dos manifestos rosacrucianos, essa atividade mais oculta de Johann Arndt explica talvez em parte a sua preocupação em sempre ficar na mais estrita ortodoxia luterana para não piorar ainda mais a hostilidade a seu respeito. Pois ele era tido por um alquimista que realizara a pedra filosofal. O que, para alguns dos seus contemporâneos, explicava a extrema generosidade que ele sempre manifestou aos mais pobres dos seus paroquianos, apesar da modicidade dos seus ganhos pessoais.

Além disso, Arndt crê na existência de uma elite espiritual, a única que pode praticar esse "retorno a si" apregoado por Tauler. E no seu catecismo, ele chega até mesmo a escrever: "Creio que Deus Onipotente, desde o começo do mundo, sempre chamou para si um pequeno grupo distinto do conjunto do gênero humano... com o qual ele também concluiu uma aliança eterna da Graça... e que o serve com fé pura". O que é exatamente a tese dos primeiros autores rosacrucianos, que crêem também em uma elite espiritual escondida do mundo. Mas é também, mais curiosamente, o tema central da Teologia calvinista sobre a predestinação da Graça e, apesar da rejeição aparente dessa doutrina pelo nosso autor, não se pode esquecer de que os rosa-cruzes eram tidos por "criptocalvinistas" e que, salvo os manifestos (*Fama, Confessio*), Maurício de Hesse Cassel só imprimia obras que exprimiam essa tendência...

Poucas horas antes da sua morte, ele fez um sermão sobre estas palavras do Salmo 126: "Os que semeiam nas lágrimas colherão na alegria". Em seguida, voltou tranqüilamente para si, dizendo que acabava de pronunciar a sua oração fúnebre. Ele tinha 66 anos.

***

No livro *Do verdadeiro cristianismo*, encontra-se a influência da *Teologia germânica* e de autores como Tauler, Thomas a Kempis, São Bernardo, mas também um toque pessoal, inimitável, que mostra que as descrições "da obra em negro" dadas pelo autor pertencem sem dúvida à época em que ele viveu. Os seus biógrafos ressaltam, ademais, que ele sempre suportou as suas múltiplas tribulações com muita doçura... Pois essa passagem para a morte interior é para Johann Arndt o cerne da obra de regeneração espiritual a que é convidado o discípulo. E essa idéia central está toda contida nesta frase: "Assim como na natureza (...) a destruição de uma coisa é o início de outra, o mesmo ocorre na vida cristã verdadeira. Pois o velho homem de carne deve perecer antes que apareça o novo homem espiritual". (*Do verdadeiro Cristianismo*). E essa analogia entre "a obra natural" e "a obra interior" é possível porque o mundo é UM. E é um, pois é a obra de um só Deus.

***

Entretanto, Johann Arndt começa o seu tratado descrevendo a miséria do homem, a sua fraqueza, hipocrisia, pois a queda o distanciou de Deus. E, contudo, ele não se percebe como é. Adora-se e o mundo fica, portanto, cheio de idólatras.

Assim sendo, o homem merece o seu sofrimento, e, em vez de gemer, de queixar-se, ser-lhe-ia mais benéfico tomar consciência da sua indignidade.

É esse o primeiro passo para essa regeneração que levará o homem a abrir-se para esse "amor" que "brilha em cada criatura". Pois "estamos encerrados no amor de Deus como estamos encerrados sob o firmamento". Então, ele se tornará realmente a imagem de Deus. Tendo deixado o mundo, não se separará mais da presença de Cristo.

Para Arndt, essa regeneração depende de dois fatores: um externo, outro interno. Em um deles, é o homem que procura Deus; no outro, é Deus que procura o homem e este último permanece passivo.

O primeiro método é uma busca em que o homem pratica o jejum, a prece, a caridade. No segundo, o homem entrega-se a Deus, ao Deus que permanece em segredo. E a única alegria é fazer a vontade do Senhor, que permanece no fundo quaisquer que sejam os acontecimentos atravessados: felicidade ou provações, pobreza ou riqueza, graça ou desespero.

Encontramos, claro está, a distinção clássica entre as obras da Graça, porém entendidas em um sentido muito particular, próximo daquele de Tauler, posto que tudo culmina no puro abandono a esse Deus que permanece no "fundo secreto da alma" e que encontramos no mais íntimo de nós mesmos.

***

Entre as práticas ativas, a prece ocupa um lugar central. Para Arndt, é uma atividade essencial da vida espiritual: "Um homem deveria rezar voluntariamente todo dia e sem cessar", escreve ele notadamente, pois a prece é o esboço do homem novo que estará presente em toda a sua totalidade após a regeneração espiritual. Tornou-se possível graças à presença do Espírito Santo em nós. Arndt define-a como "um diálogo com Deus, uma chave do céu, uma flor do paraíso, um livre acesso a Deus" (*Do verdadeiro cristianismo*, p. 241), mas também como um "medicamento espiritual".

Para rezar, é primeiro necessário preparar-se pelo arrependimento dos pecados, uma atitude de humildade, de retorno a si, de interiorização. Ele dá, nos seus livros, quantidades de preces muito clássicas nos seus motivos e construção. Mas, para ele, a prece oral não passa da preparação, a antecâmara de uma prece muito mais interior que só permite "conhecer e experimentar Deus".

***

Contudo, o essencial continua sendo esse abandono, essa santa aceitação, que só pode instalar-se na alma depois das provas da morte espiritual, um estado de "frieza" próximo dessa noite escura de que fala São João da Cruz.

Arndt encontra referências a essa noite na Bíblia e liga analogamente os tormentos de Jó, o sofrimento de Jesus e as provas espirituais.

Todavia, ele distingue duas paixões de Cristo: a do suplício da cruz e a do jardim das Oliveiras. Ocorre que a segunda é muito mais dolorosa, pois, diz ele, Cristo na cruz não suou gotas de sangue como o fez no jardim das Oliveiras. O que indica bem o caráter mais provador, mais terrível das provas internas.

Como Cristo, o espiritual viverá também essa morte, esse grande sofrimento íntimo. Será assaltado por tentações, dúvidas; como Davi ou Jó, será atormentado pelo sentimento da sua indignidade. Mas esse julgamento que faz sobre si mesmo é pessoal. Não é o de Deus.

Pois, se Deus faz morrer o místico, é para fazê-lo reviver. Deus é como um alquimista que purifica os eleitos no cadinho da aflição. Porém, ele não abandona realmente aqueles que deixa, assim, nas mãos do demônio. Foi o Espírito Santo que conduziu Jesus para que ele fosse tentado pelo diabo. Mas Deus está sempre presente no fundo da alma, onde se concentra em um ponto misterioso. Simplesmente o discípulo não tem mais o sentimento dessa presença. É, portanto, também uma prova da fé em que é preciso esperar para além de toda esperança.

Além do mais, as tentações possibilitaram ao justo conhecer-se a fundo. Revelaram-lhe os aspectos dele próprio que ele ignorava, todas as suas tendências secretas.

Em compensação, os que se crêem perfeitos se enganam e se desnorteiam. E nesse sentido também, os mais pobres são os mais ricos, como indica o Evangelho.

ASHMOLE, Elias, 1617-1692

Amigo de Robert Fludd*. Franco-maçom, amante de antiguidades, historiador, alquimista, fundador do museu Ashmole em Oxford, ele publicou uma importante coleção de obras alquímicas com o título *Theatrum Chemicum Britannicum* (1651). No prefácio desse livro, ele faz referência ao Irmão I. O. que, segundo a *Fama,* teria ido à Inglaterra curar o duque de Norfolk.

Encontrou-se nos seus papéis uma carta em que ele pedia para ser recebido na Fraternidade rosacruciana.

Em 16 de outubro de 1644, ele se afiliou à confraria dos pedreiros (maçons) construtores (uma espécie de camaradagem inglesa que reunia os ofícios da construção) a título de membro honorário.

Ver *Franco-Maçonaria**.

Aventura entre os rosa-cruzes (uma)

Obra de Franz Hartmann publicada em 1893 em Baltimore. Expõe de modo romanceado as idéias do autor sobre a Rosa-Cruz e o esoterismo em geral.

Durante um passeio nos Alpes austríacos, o herói encontra um irmão da Rosa-Cruz de Ouro que o leva a um mosteiro rosacruciano protegido de toda e qualquer intrusão inoportuna por um "dispositivo" criador de ilusões.

O seu retiro é, portanto, invisível aos olhos daqueles que não são chamados. Segundo um adepto que instruiu o herói, a Rosa-Cruz seria um nome genérico que designa os ocultistas, alquimistas, magos, etc. *Valentin Andrea** teria inventado a história do cavaleiro Christian Rosenkreutz* como Cervantes inventou Dom Quixote: para ridicularizar os falsos adeptos fazedores de ouro.

Ver *Rosa-Cruz esotérica**.

BACON (Francis)
Espírito enciclopédico. Um dos fundadores do método experimental. Entretanto, estudou também Direito, Filosofia, Criptologia, Moral.

Nasceu em 1561, oficialmente de Nicolas Bacon, chanceler da rainha Elizabeth, e da senhora Ann. Mas, na verdade, ele era filho da rainha e do lorde Leicester. Portanto, teria podido pretender a coroa da Inglaterra.

Curioso por tudo, desde a mais tenra idade, ele se interessa pelo oculto, o que o fará ser apelidado de "*baby Salomon*".

Aos 13 anos, ele entra no Trinity College, reputado pela qualidade do seu ensino.

Aprende a impressão em Cambridge e já deseja um conhecimento fundado na razão e na experiência, o que constitui uma revolução total na época, inimaginável para nós.

Em 1576, é enviado à França por ordem da rainha Elizabeth, com certeza devido às suas origens reais. Então, freqüenta a corte de Margarida de Navarra, uma jovem rainha de 25 anos, bela, inteligente, culta, que talvez ele tenha amado. Encontra também o poeta Ronsard, que o faz entrar no círculo da Plêiade.

Quando retorna, instala-se na Universidade de Gray´s Inn, onde estuda Direito.

Em 1581, viaja à Itália, Áustria, Alemanha, Espanha, Polônia, Suécia, Holanda.

Na seqüência desse longo périplo, escreve anotações sobre "o estado da cristandade".

Em 1584, é advogado e se torna um jurista famoso.

Dois anos mais tarde, é eleito para o Parlamento e, em 1588, membro do Conselho extraordinário da rainha, um posto criado especialmente para ele.

Escreve um *Ensaio sobre os jardins*, classifica as ciências, faz experiências sobre os metais para compreender as suas composições.

Em 1597, publica *Ensaios de morais* que fazem imenso sucesso e são traduzidos para várias línguas.

Após a morte da rainha Elizabeth I Tudor, ele é rapidamente chamado ao poder pelo novo rei Jaime I.

Em 1613, é nomeado procurador e começa um vasto programa de reformas jurídicas.

Continua a sua ascensão e, em 1616, é membro do Conselho privado do rei.

Redige uma *Teoria dos céus* em que ressalta a influência dos planetas sobre a matéria e sobre o homem.

Em 1617, é nomeado lorde, guarda do selo real e, em 27 de maio, lorde chanceler.

Supervisiona tudo o que se refere à lei.

Mas se vê acossado no conflito entre o rei e o Parlamento e, para proteger o seu soberano, ele se deixa falsamente acusar de corrupção. É destituído dos seus títulos e trancafiado na Torre de Londres. É solto quase logo em seguida, mas deverá esperar vários anos antes de ser inteiramente reabilitado.

Então, retira-se para as suas propriedades para se consagrar plenamente à pesquisa e à escrita.

Morre em 9 de abril de 1626.

Porém, curiosamente, no momento da sua morte, nenhum dos seus amigos manifestou o menor lamento. E o último conde de Vérulan, que fez pesquisas, jamais encontrou a sua sepultura.

Tudo leva, portanto, a pensar em uma partida organizada.

Não estando a sua vida mais em segurança na Inglaterra, ele teria simulado o próprio enterro e fugido para a Holanda.

A tradição supõe que ele teria terminado a vida, muito longa, com a família de *Hesse Cassel** (cf. *Les Secrets de Sir Francis Bacon [Os Segredos de sir Francis Bacon]*, p. 276).

***

A sua paixão pelas ciências naturais, o seu ideal social muito próximo do de Valentin Andrea* (ver notadamente a sua obra *A nova Atlântida*) tenderiam a mostrar a sua filiação à fraternidade rosacruciana. E Gérard de Sède assinala um fato curioso descoberto por um autor alemão, R. Kienast: na *Fama*, os *Irmãos* fundadores que assinam o livro T. são designados pelas suas iniciais: GUMPG, GGMPI e FBMPA. Ou MPG, MPI, MPA que significam respectivamente Magister Provinciae Germania, Magister Provinciae Italiae, Magister Provinciae Angliae.

FBMPA designaria, portanto: Francis Bacon Magister Provinciae Angliae...

Além disso, sabe-se a verdadeira paixão de Francis Bacon pela Criptografia. Ele adorava cifrar os seus livros. Gravuras, retratos, frontispícios que ornam algumas das suas obras são ricos de significados ocultos. E em uma passagem do *Basilikon Rôdon*, pode-se ler a seguinte assinatura : *"I — Francis Bacon — Tudor — King — Bee"*, o que se traduz por: "Eu — Francis Bacon — Tudor — Rei — Abelha".

Acontece que a abelha é um símbolo dos rosa-cruzes em geral presente nos livros rosacrucianos da época (ver, por exemplo, a bela gravura do *Summum bonum* de *Robert Fludd**, intitulada: "A rosa dá o mel à abelha").

O que tenderia, aí ainda, a provar que não apenas Francis Bacon era membro da Fraternidade, mas que era o seu chefe, o "Imperator"... (*Os Segredos de sir Francis Bacon*, pp. 131-133).

Segundo Wittermans, ele teria sido um dos dois chefes rosacrucianos ingleses, sendo o outro Robert Fludd* — Bacon ocupava-se do desenvolvimento das ciências experimentais, ao passo que Fludd, de um aspecto mais místico da obra de regeneração desejada pelos rosa-cruzes...

BARNAUD, 1535-1601

Ocultista francês. Assistiu à transmutação alquímica operada por Kelly na casa de Thadu de Hayek, o médico do imperador. O teólogo protestante Semler* parece querer atribuir-lhe a fundação de uma sociedade secreta na origem da Rosa-Cruz. Ele efetivamente passou uma temporada na Alemanha, em 1590 e 1601. Publicou em Leyde em 1599 o manuscrito do seu amigo Ripler: *De occulta philosophia*. Em uma carta-prefácio, ele pede a ajuda dos grandes senhores, particularmente a do imperador Rodolfo II, dos duques da Baviera, do Wurtemberg e dos príncipes de *Hesse**

Ver *Semler (Johann)*, Origem da Rosa-Cruz*.

BERNARD (Christian)
Ver *AMORC*

BERNARD (Raymond)
Ver *AMORC*

BERTHOLET (doutor Édouard), 1883-1965

Após estudos na Faculdade de Lausanne, ele se especializou na Anatomia Patológica. Depois, ficou um tempo atraído pela Psicanálise, antes de voltar à Medicina geral. Enfim, organizou curas de jejum na sua mansão "As Violetas", nas margens do lago Leman.

Discípulo fervoroso de Joséphin Péladan, é o autor do livro básico para conhecer o pensamento sobre o "Sâr". Nessa grande obra em quatro volumes, ele descreve todos os aspectos da doutrina do seu mestre: esotérico, artístico, romanesco. No entanto, não partilhava de todas as suas idéias, principalmente sobre a reencarnação, em que ele acreditava firmemente.

Mas, à parte esse trabalho importante, o dr. Bertholet também publicou inúmeros estudos sobre Medicina, Magnetismo e Rosa-Cruz. Entre outros: *He-*

reditariedade e alcoolismo (1924), *O fluido dos magnetizadores* (1927), *O retorno à saúde e à vida sã pelo jejum* (1950), *O código da vida do rosa-cruz* (1934), *Vegetarismo e ocultismo* (1950), *Cristo e a cura das doenças* (1945), *A reencarnação* (1949), etc.

Foi o fundador da AMORC* suíça em 1933. Mas essa criação se fez independentemente da AMORC* norte-amerciana, com patentes de Sâr Hiéronymus* e August Reichel*. Ficou, entretanto, em contato com Spencer Lewis* até a dissolução da FUDOSI*, em 1951.

O grupo rosacruciano do dr. Bertholet se perpetuou na Suíça.

Ver *Reichel (August)*, Péladan (Joséphin), AMORC**.

BESOLD (Cristóvão)

Jurista, amigo de Valentin Andrea*, participou sem dúvida da elaboração da *Fama**.

Nasceu em Esslingen, mas morou a vida toda em Tübingen, onde exerceu a profissão de advogado. A partir de 1610, torna-se professor de Direito na universidade. Em 1618, foi o reitor dessa mesma universidade.

Compreendia nove línguas, dentre as quais o hebraico e era apaixonado pela Cabala.

Ele tinha uma imensa cultura teológica. Conhecia Raymond Lulle, Nicolau de Cues, Pico della Mirandola,

Giordano Bruno, Campanella*. Escreveu sobre Eckart, Suso, Tauler, Ruysbroeck.

Foi grande amigo de Valentin Andrea* e este lhe permitiu pesquisar livremente na sua imensa biblioteca.

Mas em 1634, converteu-se ao Catolicismo.

Valentin Andrea* ficou muito aflito com isso, mas nunca o atacou.

Em 1616, ele publicou *Axiomata philosophico-theologica*, pensamentos fortemente influenciados por Santo Agostinho, São Bernardo, Thomas a Kemphis, Tauler.

Dedicou o seu livro a Valentin Andrea*.

Como Johann Arndt*, declara-se cansado das incessantes disputas teológicas. Quer um Cristianismo que melhore o homem.

Porém, é igualmente contra o monarquismo, pois o cristão deve viver no mundo. A sabedoria não consiste em renunciar voluntariamente, em impor-se sacrifícios, mas em aceitar as provas que Deus nos envia: "O tamanho da vinha é um ato de Deus". É Ele que poda a alma, pois só Ele sabe o que nos convém. Todo o restante vem da "vontade própria".

Cristóvão Besold condena também a erudição que agita a alma inutilmente e a religião da letra que se tornou o Protestantismo: "Antes da Reforma, a Igreja era governada por fariseus, depois pelos escribas..."

Finalmente, ele apregoa uma verdadeira alquimia da regeneração que resulta no homem novo por uma série de mortes de si mesmo e de ressurreições à imitação de Cristo...

BLANCHARD (Victor)
Ver *Fraternidade dos polares**, *FUDOS*.

BOCCALINI (Traiano)
Satirista italiano morto em 1613.

Esse ex-governador dos Estados pontifícios publicou em Veneza em 1612 o primeiro volume das suas *Ragguagli di Parnaso* (Novelas do Parnaso), que é uma sátira das instituições do seu tempo.

É a *Ragguaglio LXXVII* que vem a lume no mesmo volume que a *Fama**, em 1614.

O seu tradutor talvez tenha sido Cristóvão Besold*, que o admirava muito. Mas Valentin Andrea* também o conhecia bem e influenciou fortemente a sua obra, sobretudo a sua *Mitologia cristã*.

Bodas químicas
As *Bodas químicas* de Christian Rosenkreutz* vieram a público em 1616 de forma anônima, mas Johanna Valentin Andrea* confessa na sua autobiografia que ele as teria redigido em 1603, aos 17 anos.

Esse livro se apresenta como uma obra de Christian Rosenkreutz* escrita em 1459. É uma espécie de conto iniciático que se desenvolve em sete dias.

Quando a ação começa, Christian é um eremita de 87 anos. Estamos na véspera da Páscoa. Ele recebe a visita de uma mulher estranha com um vestido azul constelado de estrelas de ouro e com asas pintalgadas de olhos. Ela dá ao nosso herói um convite para ir às bodas reais.

Depois de lê-lo, ele tem um sonho. Vê-se no fundo de um poço com outros seres. Alguém lança, então, sete vezes uma corda em que se agarram os cativos. Mas só alguns, dentre os quais Christian Rosenkreutz*, conseguem escapar.

Esse sonho lhe parece um sinal favorável e ele se põe a caminho depois de vestir a sua "roupa de bodas": um vestido de linho branco, um cinto vermelho e um chapéu com quatro rosas espetadas da mesma cor. Pega como provisões pão, sal e água.

Chega logo a um cruzamento de quatro caminhos, umbrosos de cedros. Hesita e é seguindo um corvo que ataca uma pomba que ele pega uma via.

Não pode mais voltar atrás, e o seu périplo termina pela subida de uma montanha no topo da qual se ergue o palácio real onde ocorrerão as bodas. Ele lá chega no crepúsculo e tem agora de atravessar três portais ornados de figuras misteriosas.

Dá o seu convite ao guardião do primeiro portal e, quando lhe perguntam o seu nome, ele responde: "Irmão da Rosa vermelha". Atravessada a última porta, dão-lhe sapatos novos e ele é tonsurado. Dentro, vários milhares de luzes se movem sozinhas em uma ordem rigorosa e uma "dama cintilante, branca como a neve", acompanhada de dois pajens, está sentada em um trono.

É a prova da pesagem. Os convidados são postos no prato da balança. Colocam-se na outra extremidade sete pesos que correspondem às sete virtudes. Christian é eleito. Os que fracassaram são condenados a tomar a beberagem do esquecimento e são expulsos.

Após uma cena simbólica, a mulher reaparece e revela o seu nome sob a forma de um enigma matemático.

Esse nome, descoberto mais tarde por Leibniz, é Alchemia.

Depois de subir uma escada de 365 degraus, C. R. é, enfim, apresentado ao casal real. Eles estão em uma sala vigiada por 60 virgens coroadas.

Em cima do altar, estão postos a cabeça de um morto, em torno da qual se enrola uma serpente branca, um livro revestido de veludo negro, um candelabro de marfim e uma fonte minúscula embaixo de um relógio.

Ele bebe o "vinho do silêncio".

Depois de vestir novas roupas, os convidados são levados a uma refeição durante a qual devem resolver enigmas e assistir a uma representação desempenhada em honra do rei.

A seguir, os três casais reais são decapitados. O sangue deles é recolhido em um vaso de ouro. O mouro vestido de negro que procedeu à execução também é decapitado.

Estamos no quarto dia das bodas.

No quinto dia, C. R., acompanhado de um pajem, desce aos subsolos do castelo. Chega em uma sala abobadada, iluminada por escaravelhos. Em cima de um altar triangular, um anjo segura uma árvore da qual se soltam frutos que caem em três bacias de ouro onde se diluem. Em seguida, C. R. descobre Vênus toda nua estendida em uma cama com colunas, fechada por admiráveis tapeçarias. Uma inscrição indica que ela despertará quando a árvore tiver desaparecido por completo para engendrar um rei.

O dia seguinte é o do funeral.

Os corpos são colocados em sete navios que atravessam um mar em que vivem ninfas. Os barcos vogam, formando poliedros regulares. Os viajantes desembarcam finalmente em uma ilha quadrada no centro da qual se ergue a torre de Olímpia, constituída de sete torres redondas de sete andares cada.

Na torre, a mulher e os eleitos fazem estranhas manipulações alquímicas. A cabeça do mouro é esquentada até a obtenção de uma solução vermelha recolhida em uma esfera de ouro. A esfera de ouro é aquecida pelos raios do sol. Uma vez aberta, ela revela um grande ovo branco. O ovo dá nascimento a um pássaro que vai crescer e transformar-se sucessivamente em pássaro negro, em pássaro branco, depois em pavão. Este último é reduzido a cinzas. Postas no atanor, as cinzas tornam-se um ser macho e fêmea. Desse ser renascerão o rei e a rainha que poderão celebrar as bodas...

Christian Rosenkreutz* e os seus companheiros são sagrados cavaleiros da Pedra de Ouro.

Ele assina o livro assim: "A mais alta ciência é nada saber. Irmão C. R., cavaleiro da Pedra de Ouro. Ano de 1459".

***

Na sua autobiografia, Valentin Andrea* fala das *Bodas químicas* como de "um ludíbrio que, para grande surpresa minha, conheceu o favor de um número apreciável de leitores e foi objeto de pesquisas, comentários cheios de sutileza, ao passo que não é nada mais do que uma brincadeira sem objetivos, destinada a destacar a vaidade dos *curiosis*"...

Apesar dessa afirmação, as *Bodas* foram muito estudadas e comentadas do século XVII até hoje. E podemos destacar pelos menos quatro interpretações desse relato: uma primeira pertencente à Alquimia; uma segunda, à mística; uma terceira, considerando-o um texto obscuro; enfim, uma última, nele vendo uma simples brincadeira.

As primeiras interpretações das *Bodas* foram nitidamente alquímicas.

O alquimista de Luxemburgo *Radtichs von Brotoffer* publicou em 1617 um comentário das *Bodas químicas* em que ele assimila os sete dias do relato à preparação da pedra.

Gottfried Arnold Kagauer, assim como W. E. Peuckert (1928), também consideram esse relato uma alegoria da grande obra.

Para Bernard Gorceix, Frances A. Yates, Bernhard Kossman, as *Bodas* são antes a descrição de um processo de alquimia interior que descreve a regeneração do homem.

Em 1740, Hermann Fictuld, autor de livros de Alquimia e reformador da Gold-und-Rosenkreutz (ver Rosa-Cruz de Ouro), definiu as *Bodas* como um "tratado esotérico obscuro", o que é também a opinião de Kiesewatter no século XIX.

Em compensação, Friedrich Nicolaï Hoszback (um autor do século XVIII) considera esse mesmo relato uma brincadeira "amável", poética e bizarra... assim como A. E. Waite no século XX.

***

Na verdade, estas três leituras — alquímica, mística e puramente *lúdica* — são possíveis e de modo algum se excluem.

O texto está cheio de imagens que pertencem à via hermética: o ovo filosófico, a fenix, o mouro, o leão, o unicórnio; Mercúrio, o mestre dos conhecimentos herméticos, está presente desde o começo. É uma *tabula mercurialis* que indica os diferentes caminhos que se oferecem ao peregrino. A pomba está empoleirada em uma "árvore mercurial", e a fonte do castelo do rei, cuja água regenera é uma *fons mercurialis*.

Além do mais, esse casamento do rei e da rainha é o do sol com a lua, do enxofre com o mercúrio. É, na verdade, o tema central do magistério alquímico, já que tudo consiste em unir duas naturezas para que, por meio de inimizades e corrupções, "elas se abracem até que se transformem em uma", como é dito em *A turba dos filósofos*...

As referências cristãs também são abundantes e podem ser interpretadas no sentido de uma alquimia interior. Por exemplo, o sonho do começo é inteiramente construído a partir de um sermão de São Bernardo. E

Edhigoffer mostrou muito bem que os sete pesos que servem para a pesagem são as sete virtudes (quatro cardeais e três teologais), bem como a procissão das sete moças que seguem a rainha.

Quanto à decapitação (além do seu sentido alquímico), ela está presente em muitas vidas de santos e o seu sentido é sempre semelhante: é a separação da cabeça, do "chefe", portanto o abandono da "vontade própria", do eu egoísta, para que outro modo de conhecimento possa existir...

Podemos também compreender a "mulher mensageira" que reaparece em intervalos regulares no desenvolvimento da ação como a Beatriz, a Sofia, o Si ou a *anima* que vem guiar o herói no seu périplo iniciático...

***

Mas, apesar de toda essa matéria simbólica, não se deve esquecer de que as *Bodas* são também uma "brincadeira".

O autor usa o simbolismo hermético, mas nem por isso respeita as regras da grande obra material ou espiritual.

Na verdade, ele mescla habilmente alusões alquímicas, referências cristãs e pura fantasia...

O que explica a incerteza dos alquimistas quando lêem esse texto.

BOISSIN (Firmin)

Conheceu o visconde de Lapasse* e teria sido um dos principais membros da Rosa-Cruz de Toulouse*. Em *Como se tornar artista,* Joséphin Péladan fala dele como do "comendador da Rosa-Cruz do Templo", e, em *A virtude suprema,* como do "transmissor da Tradição secreta dos albigineses da Massênia* do Santo Graal"...

Nasceu em 1835 em Ardèche.

Foi, a princípio, professor de francês em Cavaillon. Depois, subiu a Paris, onde trabalhou na biblioteca do Arsenal antes de se tornar jornalista. Colaborou no *Correio de Ruão*, no *Polybiblion*, depois no *Mensageiro de Toulouse*, um jornal monarquista de tendência moderada de que se tornou o redator-chefe.

Foi amigo de Barbey d´Aurevilly.

Conhecia muito o provençal, que defendeu por meio da Academia de Jogos Florais e do Ateneu dos trovadores, que organizavam concursos literários nessa língua. Mas, no mais das vezes, ele viveu toda a sua vida pelas línguas. Chegou até mesmo a redigir um dicionário da língua dos boêmios.

Por volta do fim da sua vida, quase cego, ele se retirou para sua região de origem, Vivarais.

Escreveu, entre outros, *Excêntricos desaparecidos* (1890), em que fala do *visconde de Lapasse*, e um romance, *João da lua* (1887), cuja ação se dá durante a revolução no meio dos insurgentes da Vendéia em Ardèche.

É também conhecido sob o nome de pena Simon Brugal.

Ver *Rosa-Cruz de Toulouse**.

BROTOFFER (Radtichs von)

Alquimista de Luxemburgo. Em 1617, publicou em Lüneburg uma obra intitulada *Elucidarius Major*.

É um comentário alquímico das *Bodas** de Christian de Rosenkreutz*, em que sete dias são considerados sete fases da grande obra.

Ver *Alquimia**, *Bodas químicas**.

BULWER LYTTON (Edward George)

Edward George Bulwer, que se tornaria barão Lytton de Knebworth, nasceu em Londres em 25 de maio de 1803. Era o terceiro filho do general William Bulwer e da senhora Warburten Lytton.

Aos 17 anos, ele compôs a sua primeira coletânea de poemas, *Ismael*, e em 1825 obtém o prêmio do Chanceler em um concurso de poesia de Cambridge por "Escultura".

Durante uma viagem à Escócia, ele encontrou bandidos e boêmios, um episódio que lhe serviria para o seu romance *Paul Clifford*. Um jovem boêmio lhe predisse "estranhos estudos" e o levou para viver alguns dias na sua tribo.

Casou-se em 1827 e decidiu consagrar-se à literatura. Conheceu de imediato um imenso sucesso com o romance *Pelham ou as aventuras de um fidalgo*.

Após um amor infeliz, viajou longamente pela Itália, um país que o marca profundamente.

Escreveu peças de teatro: *A dama lionesa* (1838), *Richelieu* (1839), *O dinheiro* (1840), e um grande poema: *O rei Artur* (1840). Começou também uma carreira política no partido radical e foi eleito para o Parlamento em 30 de abril de 1830.

Muito culto, lia o texto em latim, em grego, francês, alemão, italiano. Começou a estudar Astrologia, depois Magia e, em 1842, publicou *Zanoni, o mestre rosa-cruz*, a sua obra-prima oculta. Dizia possuir "poderes" suficientemente extensos "para destruir toda a Metafísica".

O seu último romance esotérico, *A raça a vir*, foi primeiro publicado na revista *Blackwoods*, depois em livro, em 1873. É a história de um povo que vive sob a superfície da terra. Ele possui um poder misterioso, o "Vril" (mescla de eletricidade e de fluido vital), e considera os seres humanos uma raça inferior.

Bulwer Lytton morreu em 18 de janeiro de 1873 em Torquay. O seu corpo repousa na abadia de Westminster.

***

Se foi um romancista célebre que publicou mais de uma centena de romances, o autor dos *Últimos dias de um pompeano* foi também um dos grandes ocultistas ingleses do século XIX.

Segundo *William Wynn Westcott,* ele teria contatado uma loja rosacruciana em Frankfurt-sur-le-Main. Fez, efetivamente, uma longa viagem, entre 1841 e 1843, à Alemanha. De acordo com Gérard Galtier, essa loja seria uma sobrevivência dos Irmãos iniciados da Ásia*, chamada Carlos da Luz Nascente*. Talvez seja essa filiação que está na origem dos Fratres Lucis* ao qual o nome do lorde Lytton é às vezes associado, pois os Fratres Lucis* eram outro nome dos Irmãos iniciados da Ásia*. Talvez também seja essa filiação que Bulwer Lytton transmitiu ao seu amigo Eliphas Levi*. Sabemos, em compensação, com certeza, que ele se tornou o diretor do Metropolitan College em 1871, uma Fraternidade fundada por Hardgrave Jennings.

Roger Caro faz dele também um dos Imperators secretos das *FAR + C.*

Em compensação, contrariamente às afirmações de René Guénon, ele nunca foi membro da S.R.I.A., muito menos o seu dirigente. Havia sido nomeado presidente de honra sem a sua concordância e, quando ficou sabendo disso, recusou de imediato.

De qualquer modo, em uma carta a Hardgrave Jenning, ele escreve que a Fraternidade rosacruciana não existe sob "nenhum dos nomes que permitam àqueles que não façam parte dela reconhecê-la".

Ver *Carlos da Luz Nascente**, *Levi (Eliphas)**.

BURGOYNE (Thomas H.)

Ver *Hermetic Brotherhood of Luxor**.

CAGLIOSTRO (Conde de)*

Foi o célebre mago um rosa-cruz? Ele próprio declarou isso em uma belíssima passagem das *Memórias* que ditou aos seus advogados: "Como o vento do sul, como a ofuscante luz meridional que caracteriza o pleno conhecimento das coisas e a comunhão ativa com Deus, vou para o norte, para a bruma e o frio, abandonando por toda parte na minha passagem algumas parcelas de mim mesmo, gastando-me, diminuindo-me a cada estação, mas deixando-vos um pouco de claridade, um pouco de força, até que eu seja, enfim, detido e fixado definitivamente no termo da minha carreira, *na hora em que a rosa florescerá sobre a cruz*". Pois, desde esse livro de Marc Haven (*Cagliostro, o mestre desconhecido*), sabemos a que ponto ele foi um homem profundamente bom, generoso,

---

* N. E.: Sugerimos a leitura de *Cagliostro — O Grande Mestre do Oculto*, de D'Marc Haven, Madras Editora.

que passou a maior parte da vida a curar de graça os doentes e a errar de país em país, como o quer a tradição rosacruciana.

Mas pouquíssimas vezes um homem foi tão odiado, caluniado, traído. A Igreja de Roma e a corte de Versalhes perseguiram-no com a sua vindicta. O padre jesuíta Marcello publicou em 1791 uma obra, *Compendio della vita e delle gest di Giuseppe Balsamo*, que a Igreja difundiu imensamente e que retomava os delírios odiosos da condessa de La Motte. Thomas Carlyle, por sua vez, inspirou-se no texto de Marcello em um panfleto de uma inacreditável maldade. Goethe zombou dele em uma peça representada em 1782, *O grande copta*. Shelley e Gérard de Nerval, que admiravam o poeta alemão, seguiram-no nas suas zombarias e invenções. Finalmente, os Dumas, pai e filho, consagraram quatro romances tendenciosos a Cagliostro: assim nasceu uma lenda...

Mas é preciso também reconhecer que era um homem vivo e até mesmo vingativo. Não temia nunca provocar temporais e, durante toda a sua vida, ele manteve o segredo das suas origens modestas.

Pois, nas suas memórias, ele forjou para si um passado fabuloso. Dizia ignorar o local do seu nascimento e o dos seus pais. Teria passado a primeira infância em Medina, na Arábia, onde teria sido educado por um velho homem chamado Althotas. De religião muçulmana, teria vivido três anos em Meca, visitado o Egito, percorrido a África e a Ásia. E foi somente em Malta que se teria convertido ao Cristianismo.

Entretanto, agora está mais ou menos estabelecido que ele foi realmente Joseph Balsamo, desenhista à pluma, nascido em Palermo em 8 de junho de 1743 de Pietro Balsamo, comerciante, e da sua esposa Felice Bracconieri. Estudou no seminário San Rocco, em seguida aprendeu rudimentos de Medicina com os monges do convento de Caltagirone. Mais tarde, nós o encontramos em Roma, desenhando a pluma reproduções de quadros. Desposa Lorenza, à filha de um fundador de cobre, e eles partiram em peregrinação para Santiago de Compostela, vendendo leques e desenhos. A seguir, viajaram para a Espanha, Portugal, Inglaterra, Paris. Mas foi em Malta que se produziu o seu "nascimento espiritual". Ele encontrou o Grão-Mestre da Ordem dos Hospitaleiros de São João de Jerusalém, dom Manoel Pinto, um português muito interessado pelo oculto e que talvez tenha sido o seu primeiro "pai espiritual". Foi lá, diga-se de passagem, que ele adotou o nome de Cagliostro.

A partir desse momento, começou a sua carreira "oficial". Em Londres, foi admitido na loja A Esperança, uma loja ligada à Estrita Observância Templária, em 12 de abril de 1777. Mas ele foi primeiro conhecido por ter sistematicamente dado os números ganhadores da loteria nacional. O que lhe valeu, além disso, os seus primeiros aborrecimentos com uma certa Miss Fry, que quis apropriar-se do seu método de cálculo.

De volta ao continente em 1778, Cagliostro viajou sem parar. Cavaleiro de Malta, membro da Grande Loja da Inglaterra, mestre da Estrita Observância Templária, ele foi acolhido com calor por todos os movimentos maçônicos ocultistas que abundavam na época.

Ele foi primeiro recebido em Haia na Loja A Indissolúvel. Em seguida, encontrou Dom Pernety, alquimista e discípulo de Swedenborg, em Leipzig, ao qual se ligou profundamente. Em Mitu, em Curlanda, tomou contato com os Iluminados da Baviera de Adam Weishaupt. É também nessa cidade que ele vai praticar, pela primeira vez, sessões de vidência utilizando crianças mergulhadas em um estado de transe e um espelho de água.

Em compensação, em São Petersburgo, a acolhida foi muito mais fria, pois Catarina II desconfiava dos francomaçons "iluministas". Foi, entretanto, lá que ele começou a curar os doentes. Operava por imposição das mãos, algumas preparações (elixires, tisanas, purgativos, bálsamos, etc.) e a prece. Curava gratuitamente, sem aceitar o menor presente, como o fará sempre na seqüência.

Em 1779, estava na Polônia, onde o príncipe Adão Poninsky, apaixonado por Ocultismo e Alquimia, arrumou-lhe um laboratório na sua propriedade de campo de Wola.

Em seguida, após uma curta estada em Frankfurt-sur-le-Main, ele chegou a Estrasburgo, onde se instalou no albergue do Espírito, no cais São Tomás. Ele praticava a vidência e a cura dos doentes, acolhendo os ricos e os pobres sem distinção e sempre sem aceitar a menor retribuição.

Como fazia muitas curas "milagrosas", a sua casa não se esvaziava. Chegavam a detê-lo na rua para lhe pedir conselhos. Foi nessa época que ele travou amizade com o poderoso cardeal de Rohan, que lhe propôs morar no seu palácio de Saverna. Porém, a sua ação suscitava também o ódio dos médicos, e um corretor indelicado que ele havia empregado por piedade, Carlo Sachi, espalhou o máximo de maledicências possíveis sobre ele, por intermédio de cartazes, cartas e libelos.

Em 1793, após uma curta estada em Nápoles, ele foi a Bordéus, onde foi acolhido pelo duque de Grillon e pelo marechal de Mouchy. Depois de um sonho, concebeu o projeto de criar um Rito Egípcio, que pôs em execução um pouco mais tarde em Lyon. Era um rito moralmente elevado, já que um dos objetivos propostos era purificar a alma e o coração "que é preciso tornar bom e puro, expulsando todos os vícios e abraçando com amor a virtude". A seguir, convidados pelo cardeal de Rohan, Cagliostro e a sua esposa chegaram a Paris em janeiro de 1785, onde moraram em um hotel perto do palácio do cardeal, à rua Saint-Claude, no Marais. Ali também, ele curava gratuitamente os doentes que afluíam, abençoando a sua bondade e prodigalidade, e fundou uma loja do seu Rito Egípcio a pedido dos maçons parisienses. Mas ficou logo comprometido com o cardeal de Rohan no famoso caso do colar da rainha.

A condessa de La Motte o acusou do roubo. E o rei Luís XVI mandou deter e prender na Bastilha todos os protagonistas do caso. Aliás, foi nessa ocasião que ele escreveu as suas memórias, com a ajuda dos seus advogados. Finalmente, ele foi de todo desculpado após as confissões dos verdadeiros instigadores do caso: a condessa de La Motte e o seu amante, Riteaux de la Vilette, um ex-policial, que foram ambos condenados pelo Parlamento. Mas o rei e a rainha (comprometida) sempre o julgaram culpado e Luís XVI ordenou que ele deixasse Paris e a França.

Portanto, ele chegou à Inglaterra em 1786, onde alugou um apartamento em Sloane Street. Porém, o rancor do rei o perseguia e, a pedido de altíssimas personalidades da corte de Versalhes, um jornalista francês instalado em Londres, Théveneau de Morande, tratou de espalhar as piores calúnias contra ele. Teve de fugir.

Encontrou, em um primeiro momento, refúgio em Bienne, na Suíça, onde fundou uma nova loja "mãe dos países helvéticos" e retomou a sua atividade de curador, sempre com o mesmo sucesso.

Depois de ter sido expulso de Turim, instalou-se um tempo em Tirol, na Áustria, em Rovereto, antes de partir para Roma, esperando inocentemente fazer com que o papa Pio VI reconhecesse o seu Rito Egípcio. Todavia, preocupada com os acontecimentos que se passavam na França (estamos em 1789), a Santa Sé via em Cagliostro mais um dos instigadores da Revolução. Padres intrigaram, portanto, junto à sua esposa Serafina para que ela denunciasse o marido ao Santo Ofício. E em 27 de dezembro de 1789, ele foi detido por ordem do papa e encarcerado no castelo Saint-Ange. Em 21 de março de 1791, após um simulacro de processo, foi condenado à morte. A pena foi comutada em prisão perpétua pelo papa. Foi, portanto, encerrado em um calabouço da prisão pontifícia de San Leo onde, sem dúvida porque se temia que os seus irmãos maçons viessem soltá-lo, ele foi estrangulado em agosto de 1795.

CAMPANELLA (Tommaso)

Monge italiano, nascido na Calábria em 1568 em uma família particularmente pobre. Estuda com paixão todas as áreas do conhecimento e se torna discípulo de Paracelso*. Liga-se a Galileu, porém detesta a escolástica e preconiza o método experimental, o que lhe vale um processo por heresia.

Em 1598, ele prega a insurreição e partilha das terras feudais. Preso, é torturado. Simula a loucura para salvar a vida, mas ficará 27 anos nas prisões espanholas.

O papa Urbano VIII manda soltá-lo, protege-o e o nomeia mestre em Teologia. Mas ele é de novo inquietado e se refugia então na França, onde Richelieu lhe concede uma pensão.

Morre em Paris em 1639.

A sua obra mais célebre é *A cidade do sol*. Ele descreve uma sociedade ideal em que a propriedade já não existe, pois ele considera que a origem de todo o mal social reside na posse privada de um bem, de uma mulher, de um filho...

Foi Tobias Adami, um amigo de Andrea*, que trouxe da Itália os escritos de Campanella.

Ele o conhecera durante a sua estada em Nápoles em 1612, quando estava preso já fazia 13 anos. E Campanella aceitou confiar-lhe os manuscritos. Será assim que se publicará *A cidade do sol* em 1623.

Embora sempre se tenha mantido católico e muito crítico em relação a Lutero, o monge calabrês marcou profundamente Valentin Andrea* e amigos.

Na época, por instigação de Wilhem von Wense, Valentin Andrea* fundara uma sociedade cristã composta de 24 pessoas. Cristóvão Besold*, Tobias Hess*, Johann Arndt*, etc. faziam parte dela. Era o círculo de Tübingen que eles batizaram de a "cidade do sol" em referência ao livro de Tommaso Campanella.

CARLOS DA LUZ NASCENTE

Sociedade secreta oriunda do cruzamento dos Cavaleiros Beneficentes da Cidade Santa, da Estrita Observância Templária e talvez dos Irmãos iniciados da Ásia*. Foi fundada por volta de 1814 pelo major Cristiano Daniel von Meyer, ex-Grão-Professor do Rito Escocês retificado de Estrasburgo, quando ele foi morar em Frankfurt-sur-le-Main (ver Willermoz*).

O príncipe Carlos de Hesse* lhe deu asua permissão para fundar uma loja do Rito Escocês retificado que se chamou, portanto, "Carlos da Luz Nascente". Acontece que, nos altos graus, ensinava-se a reencarnação e afirmava-se que a união com Cristo e Deus era o verdadeiro objetivo da Franco-Maçonaria, o que já era o ensino dos Irmãos iniciados da Ásia*.

Para explicar essa similaridade, Gérard Galtier faz ressaltar que um dos principais membros era Franz-Joseph Molitor, um teósofo cristão e um cabalista que esteve em contato estreito com Hirschfel, um dos fundadores dos Irmãos iniciados da Ásia*.

Talvez tenha sido essa sociedade secreta que iniciou Bulwer Lytton* e ela estaria indiretamente relacionada com a fundação da Golden Dawn*.

Ver *Irmãos iniciados da Ásia**, *Bulwer Lytton**.

CARTAZES

Em agosto de 1623, os parisienses encontraram pregado nos principais cruzamentos da capital um curioso cartaz assim escrito:

"Nós, deputados do Colégio principal dos irmãos da Rosa-Cruz, fazemos estada visível e invisível nesta cidade pela graça do Altíssimo, para o qual se volta o coração dos justos. Mostramos e ensinamos, a falar, sem livros nem máscaras, todos os tipos de línguas dos países onde queremos estar, para tirar os homens, nossos semelhantes, do erro e da morte."

Alguns dias depois, apareceu um outro cartaz:

"Nós, deputados do Colégio da Rosa-Cruz, damos conselhos a todos os que desejam entrar em nossa sociedade e congregação, para lhes ensinar o perfeito conhecimento do Altíssimo... Mas, para chegar ao conhecimento dessas maravilhas, advertimos o leitor de que conhecemos os seus pensamentos, de que, se o toma a vontade de nos ver simplesmente por curiosidade, ele não se comunicará jamais conosco; mas, se a vontade o leva realmente a inscrever-se no registro da nossa confraternidade, nós o faremos ver a verdade das nossas promessas, tanto que não pomos o local da nossa morada, já que os pensamentos unidos à vontade real do leitor serão capazes de nos dar a conhecê-lo e ele a nós."

Conhecemos esses cartazes pelo intermédio de Gabriel Naudé, o bibliotecário de Richelieu.

Suscitaram muitas interrogações.

Alguns viram neles uma brincadeira, outros, um motivo de preocupação, e todos se interrogaram sobre esses misteriosos "rosa-cruzes".

Foi, aliás, a partir desse momento que se desencadearam os ataques contra a Fraternidade na França. E logo, a polícia investigou... para finalmente colher alguns rumores inverificáveis.

Os misteriosos autores desses cartazes permaneceram desconhecidos...

CENOBITA CRÍSTICO DA ROSA-CRUZ (C.C.R.C.)

Grupo rosacruciano contemporâneo cuja sede fica na rua de l´Ours, em Mulhouse. Centra o foco no estudo dos manifestos rosacrucianos e na personalidade de Christian Rosenkreutz*. O ensino se faz por correspondência. Comporta três graus: Companheiro Rosa-Cruz, Cavaleiro Rosa-Cruz, Príncipe Rosa-Cruz. No final desse ciclo de estudos, o aluno recebe um diploma de Irmão Rosa-Cruz.

CHAZAL

Conde François Chazal de la Génesté. Ex-coronel, foi discípulo do vidente sueco Swedenborg e amigo de *Louis-Claude de Saint-Martin*.

Após desposar uma prima de Charlotte Corday, deixou Auvergne para instalar-se, em 1763 na ilha de França, (que ia tornar-se a ilha Maurício).

O dr. Sigismond Baestron, que o conheceu, fala dele nas suas *Anecdotes of the comte de Chazal*. Ele o considera um autêntico rosa-cruz e descreve os seus múltiplos atos de caridade. Certo dia, ele foi convidado para o laboratório de Chazal, no qual foi testemunha de uma transmutação alquímica. Segundo ele, Chazal possuía também um dom de vidência excepcional, posto que durante todo o período revolucionário, ele parecia seguir os acontecimentos a distância.

Um documento controverso, transmitido pelo ocultista inglês Frederik Hockley (um membro importante da SRIA*), relata a recepção desse mesmo dr. Sigismond Baestron na fraternidade rosacruciana à qual pertencia o conde de Chazal em 12 de setembro de 1794, na ilha Maurício. Essa organização rosacruciana admitia as mulheres e praticava a Alquimia. Mas Intosh acha que poderia tratar-se da Rosa-Cruz de Ouro* de Salomon Rochter... se é que ela realmente existiu.

Ver *Rosa-Cruz de Ouro**.

Cristianópolis

Obra de Valentin Andrea* publicada em 1619, no mesmo ano que *A mitologia cristã* e *Turris Babel**.

Descreve a cidade ideal do cristão. É uma república governada por um senado composto de homens sábios e piedosos escolhidos pelas suas qualidades morais.

Os chefes da cidade vivem em torres cuja altura corresponde à sua importância hierárquica. Mas todos são suscetíveis de participar dos trabalhos materiais, se isso se mostrar necessário...

CÍRCULO DE TÜBINGEN

Grupo criado por volta de 1613 em torno de Valentin Andrea*, por instigação do seu amigo Wilhem von Wense. Compreendia 24 pessoas apaixonadas por Cabala, Alquimia, Mística cristã. Entre outros, Tobias Hess*, Cristóvão Besold*, Johann Arndt*, etc.

Foi nesse "círculo" que se elaborou (pelo menos em parte) o movimento rosacruciano.

Ver *Andrea (Valentin)*, Campanella (Tommaso)*, Origem da Rosa-Cruz**.

COMENIUS

Com o verdadeiro nome de João Amos Komensky, ele nasceu na Morávia em 1592.

Fez os seus estudos em Herbon (Nassau), depois dirigiu uma escola em Prirov, na sua província natal.

Ordenado pastor em 1616, ocupou-se da cura de Fulneck antes de se tornar bispo de uma comunidade de Irmãos morávios, até o momento em que as perseguições de Fernando II contra os reformados o obrigaram a exilar-se em Lezno na Polônia. Foi lá que ele publicou um método para aprender as línguas (1631), depois a sua *Didacta magna* (1640).

Em 1650, reformou as escolas da Transilvânia. Depois do incêndio da sua casa de Lezno, ele foi passar o fim da vida em Amsterdã, onde morreu em 1670.

Além das suas idéias pedagógicas (é considerado o pai da Pedagogia moderna), ele tinha o projeto de confederar todos os povos da Terra.

Foi amigo e até mesmo um dos filhos espirituais de Valentin Andrea*, mas na seqüência o censurou por trair o seu ideal.

Adotou todas as idéias dos rosa-cruzes. Como eles, rejeitava as disputas teológicas e apregoava uma comunhão com a natureza. Na sua *Opera didacta*, chega a afirmar que a observação da natureza vale mais do que qualquer comentário bíblico.

Na verdade, ele quer a um só tempo concretizar e universalizar as idéias exprimidas pelos manifestos rosacrucianos, criando um colégio que reúna a elite intelectual do mundo inteiro, para juntar a totalidade do saber. Vislumbra, outrossim, uma língua universal compreensível a todos...

Hans Schick considera que ele é o intermediário entre Valentin Andrea* e os movimentos maçônicos ingleses.

Encontrou-se com Descartes várias vezes, mas se opôs à sua filosofia, que julgava perigosa...

COMUNIDADE DOS MAGOS

Em um artigo publicado em 1927 em *O véu de Ísis*, Jean Bricaud atribui a origem dos rosa-cruzes a Henrique Cornélio Agrippa*, o autor de *De occulta philosophia*.

Foi um estudo da sua correspondência que o levou a essa conclusão.

No começo do século XVI, ele teria fundado uma sociedade secreta que reunia adeptos da Magia e da *Alquimia*, a Comunidade dos Magos, na Alemanha, em seguida na Inglaterra.

Teria dotado essa sociedade de sinais e de palavras secretas.

Os membros dessa comunidade criaram, por sua vez, colégios análogos denominados "conclaves", voltados ao estudo das ciências ocultas, de onde teria saído a Rosa-Cruz.

Essa Comunidade dos Magos é sem dúvida a mesma que a "sociedade dos Irmãos Magos", de que fala Michael Maïer* em um manuscrito conservado na biblioteca de Leipzig.

Segundo esse autor, tal "sociedade" ou "comunidade" teria reaparecido sob a denominação "Rosa-Cruz de Ouro" em 1570.

Ver *Agrippa** (*Henrique Cornélio*).

CONCLAVE ROSACRUCIANO

Assembléia reunida em Cassel por Maurício de Hesse* em 1615.

De acordo com o historiador belga Charles Ralhenbeck, seria oriunda de uma sociedade de beneficência fundada em 1601.

O príncipe Frederico Henrique, estatúder dos Países Baixos, o landegrave Luís de Hesse Darmstadt, o marquês de Brandeburgo, o eleitor Frederico III, o príncipe dinamarquês Christian de Anhalt, Valentin Andrea*, Michael Maïer*, Raphaël Eglinis, Antoine Thy, Jungman, etc., participaram (cf. Robert Ambelain).

Esse "conclave" talvez tenha saído da *Comunidade dos Magos* fundada por H. C. Agrippa.

A duração desse conclave mostra que os manifestos traduziam uma vasta corrente de pensamento. E ele desempenhou com certeza um papel importante na difusão do ideal rosacruciano.

CONFEDERATIO MILITAE EVANGELICAE

Ver *Cruci Signati**.

CONFESSIO FRATERNITATIS ROSAE CRUCIS

Confissão da Fraternidade da Rosa-Cruz. Com a *Fama**, é o texto fundador da Rosa-Cruz. Veio a lume pela primeira vez em 1615 em Cassel, publicado por

Wilhem Wessel, acompanhado da *Consideratis brevis* de Philippe Gabella, uma obra inteiramente fundada na *Mônada Hieroglífica*** de John Dee*.

A *Confissão* revela pela primeira vez o nome de Christian Rosenkreutz* (a *Fama* só dava as suas iniciais), a data do seu nascimento (1378) e a idade da sua morte (106 anos).

O tom da *Confessio* é muito diferente do da *Fama*. Faz-se profético e proclama a necessidade de uma regeneração total do homem e da sociedade.

Mas essa preocupação de reforma pertence, na verdade, ao "espírito do tempo". O século XVII deseja uma subversão ainda mais radical do que a instaurada por Lutero. Espera-se a vinda da idade de ouro e a *Confessio* se faz o eco dessas aspirações...

***

A Fraternidade dos Rosa-Cruzes pretende, portanto, possuir uma filosofia nova, capaz de regenerar a humanidade, e lança um apelo a todos os homens de ciência para que se aliem a eles. Pois ela está pronta para divulgar múltiplos segredos.

A fonte dos seus conhecimentos, dizem os rosa-cruzes, está nas meditações e nas revelações do seu pai

---

** N. E: Sugerimos a leitura *A Mônada Hieroglífica*, de John Dee, Madras Editora.

Christian Rosenkreutz*, que possuía ao mesmo tempo "um notável espírito de observação e a iluminação divina".

Eles propõem uma mudança total da humanidade que permitirá não mais temer a fome, a pobreza, a doença, a idade; permitirá ler um livro maravilhoso que contém todas as coisas, etc. E isso se produzirá quando Deus acender o sexto candelabro... A *Confessio* retoma aqui a doutrina profética de Joaquim de Fiore* sobre a era do Evangelho eterno, a sexta era, uma era de felicidade e paz. Adiante, especifica-se que essa era paradisíaca será precedida de pouco pelo fim da história, anunciado pelo surgimento de astros novos nas constelações do serpentário e do cisne.

Mas só os postulantes que forem julgados dignos poderão aderir à Fraternidade...

Segue um texto profético em que os rosa-cruzes se dizem mandados para organizar o governo da Europa e para destruir definitivamente o papado: "As nossas garras o [o papa] farão literalmente em pedaços..."

Em seguida, faz alusão à "teoria das assinaturas" e afirma que aqueles que sabem "as letras e os caracteres" que Deus gravou no céu e na terra estão próximos dos rosa-cruzes.

Tais caracteres se encontram, também, na Bíblia Sagrada. O seu conhecimento permite conhecer os ciclos da história e elaborar uma língua nova que possibilite explicar e exprimir todas as coisas. É a língua adâmica ou enochiana falada no paraíso.

Depois de ter exortado os pesquisadores sinceros a seguirem a Bíblia e a desconfiarem dos falsos alquimistas que abusam do público por proposições obscuras e ocultas, o texto conclui dizendo-lhes que venerem Cristo, condenem o papa e sirvam a verdadeira filosofia.

CONFRARIA DA ROSÁCEA

Fraternidade rosacruciana na continuidade da Ordem da Rosa-Cruz católica. Era dirigida pelo pintor Jacques Brasilier, um discípulo de Péladan que morava em Saint-Idesbald-sur-Mer, perto de Coxydo. Ele editava os *Folhetos da Rosácea* que convidava todos os artistas a trabalhar "para a glória do ideal cristão".

Ver *Ordem da Rosa Cruz do Templo e do Graal**, *Péladan**.

CRIPTOGRAFIA

Nos séculos XVI e XVII, a arte de cifrar documentos era uma moda nascida com o Renascimento italiano.

A república de Veneza tinha um escritório da cifra que dependia diretamente do Doge.

Em 1518, o célebre abade Trithème*, o mestre de H. C. Agrippa, mandou imprimir a sua esteganografia, que constitui o primeiro tratado sobre o assunto. Vários autores continuaram a sua obra, entre outros Della Porta no seu *De furtiris literafrum notis* (1563), e o alquimista Blaise de Vigenère no seu *Tratado das cifras* (1586), mas sem igualar o engenho do seu "mestre".

Valentin Andrea não escapou desse enleio pelos documentos cifrados.

Ele utilizou uma escrita secreta para corresponder-se com o seu protetor e amigo, o duque Augusto de Brunswick-Lüneburg, e as *Bodas químicas** contêm inscrições codificadas. Por exemplo, Kienast descobriu as iniciais de Paracelso (Paracelsus Hochleimenser Medicinae Doctor) em uma das faces do atanor na qual é depositado o ovo filosofal durante o sexto dia.

Francis Bacon* era também apaixonado por essa ciência. Inventou escritas secretas. Cifrou alguns dos seus livros, empregando duas formas diferentes de letras. Descreveu alguns dos seus procedimentos em *Do Avanço e do entendimento humano*.

Jean-Pascal Ruggio supõe ter descoberto uma antiqüíssima regra dos rosa-cruzes do século XVII que estipulava que os Irmãos da ordem deviam criptografar os seus segredos alquímicos segundo a esteganografia de Trithème*.

Ver *Trithème**, *Bacon**.

CRUCI SIGNATI

Para Simon Studion*, a "nova reforma" que levará ao reino do Espírito Santo será a obra dos Cruci Signati, uma fraternidade que se teria reunido pela primeira vez em Lüneburg. Vários príncipes alemães, representantes do rei de Navarra, da Dinamarca e da rainha Elizabeth da Inglaterra, teriam participado para fundar uma liga protestante: a *Confederatio militae evangelicae*.

Muitos autores viram nessa liga uma prefiguração dos rosa-cruzes.

No livro atribuído a Tobias Hess*, a *Theca**, os Cruci Signati são videntes que podem prever as maravilhas espalhadas por Deus na natureza.

D

DANTE*

Sabemos que o grande poeta italiano fez parte de uma terceira ordem templária organizada como sociedade secreta: a Fede Santa. Os membros se designavam entre si sob o nome de Fiéis de Amor. Ele foi, com certeza, introduzido nessa sociedade pelo seu amigo Guido Cavalcanti e talvez se tenha tornado o seu Grão-Mestre, como sugere a palavra *kadosh* (santo) que aparece no reverso de uma medalha que lhe pertenceu, conservada em um museu de Viena. Na verdade, a inscrição FSKIPFT significaria: *Fidei Sanctae Kadosh, Imperialis Principatus, Frater Templarius* (Kadosh da Fede Santa, príncipe do Santo Império, Irmão Templário).

---

*N. E.: Sugerimos a leitura de *Dante, O Grande Iniciado*, de Robert Bonnell, Madras Editora.

Para René Guénon, a Fede Santa "apresentava algumas analogias com o que foi mais tarde a Fraternidade da Rosa-Cruz, se é que esta não derivou mais ou menos daquela". (*O esoterismo de Dante*).

Eliphas Levi* subentende também um vínculo secreto entre a Rosa-Cruz e o poeta italiano. Na sua *História da magia,* ele ressalta que a representação do paraíso na *Divina Comédia* é constituída de uma série de círculos, dividida pela cruz e tendo no centro uma rosa com pétalas amplamente abertas.

Ver *Origem da Rosa-Cruz*.

DAVIDSON (Peter)

De origem escocesa, ele foi o Grão-Mestre do Hermetic Brotherhood of Luxor*.

Tentou também criar uma comunidade agrícola com uma base esotérica e fundou a Ordem da Cruz e da Serpente.

Mais tarde, ele editou uma revista mensal, *The Morning Star*, que fazia comentários do Evangelho e se tornou o órgão do Martinismo nos Estados Unidos. Foi igualmente o autor de numerosos estudos, dentre os quais *Masonic Mysteries Unveiled* e *The Book of the Light and Life* (O Livro da Luz e da Vida). Segundo Sédir*, essa obra é um "monumento de erudição e de ciência" que "dá uma exposição completa dos mistérios do homem, de Cristo e do mundo futuro". O seu livro sobre o gênero, traduzido por Sédir*, faz autoridade na matéria. Morreu em 1915.

Ver *Hermetic Brotherhood of Luxor**.

DEE (John)

Astrólogo, alquimista, mágico, matemático, inglês nascido em Londres em 13 de julho de 1527. Estudou em Cambridge, depois na Universidade de Louvain, onde encontrou discípulos do célebre ocultista H. C. Agrippa.

Em 1551, retornou à Inglaterra. Foi recebido na corte do rei Eduardo VI, a quem prestou um importante e misterioso serviço.

Porém, na seqüência, foi acusado de ter lançado uma maldição à rainha Maria e escapou por pouco da fogueira. Foi solto em 1555 e se tornou o protegido da rainha Elizabeth.

Em 1582, o anjo Uriel lhe apareceu e lhe deu uma pedra negra que permitia entrar em contato com os "espíritos". A seguir, essa pedra se tornou propriedade de Horace Walpone, o escritor "gótico"...

Pouco depois, ele encontrou o aventureiro Edward Kelly com o qual se ligou. Este último havia adquirido por acaso pólvora de projeção. Eles conseguiram seduzir o conde polonês Alberto Larkski, que era prodigiosamente rico, e foram convidados a ir vê-lo no seu castelo nas cercanias da Cracóvia, onde se dedicaram sem sucesso a pesquisas alquímicas. Em 1585, foram ter com o imperador Rodolfo II em Praga. Kelly foi preso e John Dee voltou sozinho para a Inglaterra em 1589. Mas a população que o tinha por um feiticeiro pôs fogo no seu solar.

Morreu em 1608 com 81 anos.

***

A sua obra esotérica essencial é a *Mônada Hieroglífica*, publicada em 1564 com uma dedicatória ao imperador da Alemanha Maximiliano II. Para John Dee, a *Mônada* é um resumo de todo conhecimento sintetizado em um único símbolo.

Esse símbolo lembra um pouco o signo astrológico de Mercúrio. Na base está o fogo de Áries; abaixo, a cruz dos quatro elementos; no topo, o sol e a lua.

A exemplo de Khunrath* ou Paracelso*, John Dee influenciou muitíssimo os autores dos manifestos rosacrucianos. Para começar, a *Confessio* veio a lume com um tratado latino, a *Consideratio brevis*, fundamentada na *Mônada*. O autor, Gabella, simplesmente substituiu a palavra *Mônada* por *stella*. Em seguida, o símbolo da *Mônada* figura nas *Bodas químicas*, o que prova que *Valentin Andrea* a havia estudado.

Enfim, John Dee freqüentou a corte do landegrave de Hesse* por ocasião da sua viagem à Alemanha. Segundo Elias Ashmole*, ele chegou até mesmo a lhe oferecer 12 cavalos húngaros comprados em Praga. E é sabido o papel desempenhado por essa "corte" na difusão das idéias rosacrucianas.

Mas a historiadora inglesa Frances Yates vai mais longe. Para ela, John Dee estaria na origem da Rosa-Cruz. Ele teria servido de intermediário entre a corte da Inglaterra e o príncipe Cristiano de Anhalt, que incitou Frederico V (esposo da filha de Jaime I) a aceitar a coroa da Boêmia... e, portanto, combater as tropas católicas.

Para essa autora, a aliança da rosa e da cruz viria da Ordem da Jarreteira, que tem por brasão uma cruz vermelha com rosas (cf. Frances Yates, *A luz dos rosa-cruzes*).

DESCARTES (René), 1596-1650

Intrigado pelos rumores que circundavam o aparecimento do movimento rosacruciano e os conhecimentos de que os rosa-cruzes se diziam detentores, o filósofo francês quis saber a verdade a seu respeito. Como ele próprio escreveu no seu *Studium bonae mentis* (O interesse de uma boa mente): "Se os rosa-cruzes fossem impostores, não seria justo deixá-los gozar de uma reputação mal adquirida às custas da boa-fé dos povos; se eles trouxessem algo de novo para o mundo... seria desonesto querer desprezar todas as ciências, dentre as quais se poderia encontrar uma ciência cujos fundamentos se ignorariam".

Portanto, ele tentou entrar em contato com eles durante as suas peregrinações pela Alemanha com as tropas do duque da Baviera. Porém, fracassou ou pelo menos não soube nada certo a respeito deles, como ele próprio declarou na sua volta à França, em 1623.

Contudo, o bispo de Abranches, P. D. Huet, publicou em 1692 *Memórias para servir à história do Cartesianismo*, em que declarou (entre outros) que o filósofo se teria tornado rosa-cruz na Suécia. Não teria morrido em 1650, mas se teria retirado na Lapônia... assim como a rainha Cristina da Suécia.

Desde então, alguns autores retomaram essa tese, notadamente o poeta Milosz, que se baseava no livro de Gabriel Persigout, *Rosacrucianismo e Cartesianismo* (Éd. de la Paix, 1938). Em *Os arcanos*, ele fala do "rosa-cruz Polybo, o Cosmopolita, aliás René Descartes" (Polybo, o Cosmopolita é o pseudônimo que o filósofo adotou para escrever o seu *Thesaurus mathematicus*). E essa frase do poeta foi amiúde retomada na seqüência....

É verdade que a divisa de Descartes era "Quem viveu escondido, viveu bem", e que ele fala nos seus *Pensamentos pessoais* de "avançar mascarado", mas permaneceu a vida toda um bom católico. Foi amigo do padre Mersenne, um adversário declarado dos rosa-cruzes. Rejeitava as ciências como a Astrologia e Comenius* (rosacruciano amigo de Valentin Andrea*), que o encontrou várias vezes, opôs-se à sua filosofia, que ele julgava "perigosa"...

ECKER UND ESCHOFFER (barão von) 1750-1790

Conselheiro do rei da Polônia. É o fundador dos *Irmãos Iniciados da Ásia*.

O seu objetivo era apressar a vinda do reino de Jesus Cristo por meio da Franco-Maçonaria, pois ele estava certo de que vivia nos últimos tempos da história.

Em 1777, descobriu Jakob Böhme, que exerceu grande influência sobre ele.

Mas era também um visionário que via rostos e sinais aparecerem em um retrato de Cristo que lhe servia de oráculo.

Foi excluído da Rosa-Cruz de Ouro* por insubordinação (cf. R. Le Forestier). Publicou em 1782 um violento panfleto: *A Rosa-Cruz desnudada*, em que ele afirma que os rosa-cruzes são "marionetes nas mãos dos jesuítas". Estes últimos teriam infiltrado por completo as lojas rosacrucianas para agir sobre a Maçonaria.

Ver *Irmãos Iniciados da Ásia**.

ELIAS ARTISTA

Elias é considerado "o anjo dos rosa-cruzes", o seu santo patrono, e continua sendo uma personagem misteriosa.

Paracelso*, no seu *De mineralibus,* evoca o que deve ficar escondido até a vinda de Elias Artista. E para Joaquim de Fiore*, o retorno de Elias é o retorno da Igreja do Espírito Santo que virá substituir a Igreja de Roma.

Ademais, ele é em geral identificado com o Paracleto, com o Espírito Santo, aquele que (segundo as palavras de Stanislas de Guaita*) "retira as cristalizações, as escórias" para que possam nascer uma "nova terra" e um "novo céu".

Na tradição cristã, é aparentado a São João Batista, o precursor de Cristo; e segundo velhas lendas, os magos de Belém seriam os seus primeiros discípulos.

O fato de que ele foi "erguido vivo ao céu" implica, além disso, que ele está sempre presente, sempre secretamente ativo atrás do véu das aparências.

É estreitamente ligado a Enoch, o sétimo patriarca da Bíblia, que também desapareceu, pois "Deus o ergueu". E os judeus o identificam com Metatron, aquele que revelou ao rabino Ismael ben Elisha os mistérios da Merkaba, o trono de Deus.

***

Sédir* conta uma estranha e bela história acerca de Elias Artista no seu livro sobre os rosa-cruzes.

Segundo uma tradição oculta, existiriam seis sóis a mais do que o nosso, cada qual possuindo uma cor própria. O nosso seria amarelo. E o sol vermelho seria a morada de Elias.

A ação desse sol consistiria em aglomerar as células da vida terrestre. Ele conduziria os agrupamentos em cristais de moléculas minerais. Seria uma corrente atrativa que tenderia a reunir todos os indivíduos em um só corpo homogêneo.

Estaria, portanto, ligado ao coração angélico dos Malakims, que produzem o reino mineral, os metais e as gemas. Mas, precisa Sédir*, as pedras são aqui o escalão inferior. Contudo, na outra extremidade do reino mineral, há pedras vivas que refletem o esplendor da eternidade...

***

Para Robert Ambelain, Elias Artista, ou Hélias Artista, é a deformação das palavras hebraicas *elias arthirsatha*, "prodigioso fundidor de Deus forte". O "fundidor de Deus" é o celeste arquiteto do templo. É "o homem cujo olhar brilhava como o estanho, tendo em uma das mãos um cordão de linho fino e na outra uma vara para medir" de que fala o profeta Ezequiel.

E o nosso autor faz observar que o altar sobre o qual se produzem os sacrifícios tem o nome de Ariel: o "fundidor de Deus".

O escritor rosacruciano Robert Fludd* vai estranhamente ao encontro dessas conclusões, já que para ele Metatron (Elias-Enoch) é o Espírito universal da sabedoria emanada da boca de Deus, que transfigura o caos em Cosmos.

ERGON
Ver *Alquimia**.

F

FALKENSTEIN (conde Von)

Foi bispo de Trèves no século XIV.

Raymond Lulle fala dele no seu *Theatrum chemicum argentoratum* (1613) como do "muito famoso e muito esclarecido príncipe e pai dos filósofos" do século XIV.

Para Karl Kiesevetter, seria o primeiro rosa-cruz. Ele teria fornecido a prova disso graças à cópia de um manuscrito intitulado *Compendium totius philosophiae et alchimiae fraternitatis Rosae Crucis,* datado de 1374. Infelizmente, o original teria sido destruído no incêndio da casa dele.

Fama Fraternitatis

O renome (ou glória) da Fraternidade da Ordem muito ilustre dos Rosa-Cruzes, publicado em 1614 em Cassel de maneira anônima, é o escrito fundador de todo o movimento rosacruciano.

Veio a lume com uma "breve resposta à estimável Fraternidade da Rosa-Cruz" por um certo *Adam Haselmayer* e outra obra intitulada *Allgemeine und general reformation.*

Essa "reforma geral" é, na verdade, a tradução alemã de um capítulo do panfleto de Traiano Boccalini*, *Ragguagli di Parnasso* (Novelas do Parnaso), publicado em Veneza em 1612.

Nesse capítulo, Apolo tenta mudar o mundo e toma conselho com os sábios. Mas todas as soluções se mostram utópicas. A única esperança parece ser a caridade, o amor ao próximo, expulsar o ódio do coração dos homens, isto é, uma mudança do próprio ser humano, e não da sociedade...

Porém, o texto importante é a *Fama*, que já circulava como manuscrito havia alguns anos.

Conta a vida e a obra de uma misteriosa personagem simplesmente mencionada pelas suas iniciais, C. R., fundador da Ordem dos Rosa-Cruzes. (Ver *Rosenkreutz*).*

A *Fama* afirma que a filosofia desses rosa-cruzes não é nova: é conforme à que Adão herdou após a queda e que praticaram Moisés e Salomão. E essa Filosofia não é oposta à Teologia: Platão, Aristóteles, Pitágoras confirmam Enoch, Abraão, Salomão. A Bíblia concorda com o grande livro da natureza. E já se encontra tudo o que caracterizará o movimento rosacruciano: rejeição da tradição (Aristóteles e Galiano), do Catolicismo, profundo interesse pelas ciências naturais, o Hermetismo e a Mística cristã.

Depois de ter criticado com virulência a *Alquimia*, a *Fama* conclui afirmando que os homens sérios poderão contactá-los, embora a sua morada continue ainda "virgem, intacta, desconhecida, escondida pela eternidade aos olhos do mundo ímpio"...

***

Atribuiu-se rapidamente o texto da *Fama* a Valentin Andrea*. Mas, se ele realmente participou da sua elaboração (bem como o seu amigo Cristóvão Besold*, diga-se de passagem), o seu inspirador foi provavelmente Tobias Hess*. E Valentin Andrea* não foi em nada responsável pela sua publicação.

Quem quis publicar a *Fama*? Como mostra Roland Edighoffer, é o local da publicação que dá a chave do enigma.

Esse local não é nem o Wurtemberg nem Estrasburgo, onde "Andrea publicará boa parte da sua obra", mas Cassel, pelo impressor Wilhem Wessel. Ocorre que este só devia publicar os textos escolhidos pelo landegrave de Hesse Cassel*.

É, portanto, no séqüito desse príncipe que é preciso procurar os indivíduos que quiseram publicar esse manifesto.

Além disso, Charles Ralhenbeck, um historiador belga, revela, em um memorial intitulado *Pesquisa sobre a origem e o caráter da Rosa-Cruz,* a existência de um conclave rosacruciano fundado em Cassel em 1615 pelo conde Maurício de Hesse Cassel*, derivando essa última Ordem de uma sociedade fundada em 1601.

Valentin Andrea*, Michael Maïer, entre outros, fizeram parte dessa Ordem.

É, portanto, no círculo dessa corte louca por Alquimia e doutrina paracelsiana que se deve sem dúvida procurar a origem da difusão das idéias rosacrucianas. E verossimilmente *Michael Maïer*, o médico do landegrave, aí desempenhou um grande papel.

Ver *Rosenkreutz* (Christian)*, *Origem da Rosa-Cruz*.

FAR + C

Irmãos mais velhos da Rosa + Cruz.

Para explicar a origem dessa Fraternidade, o Imperator Pierre Phoebus retoma a tese de um contato entre os Templários apaixonados por Hermetismo e alguns agrupamentos que pertenciam ao Esoterismo islâmico, no caso a Escola de Bagdá, ou casa da Sabedoria, criada em 830 pelo califa Al-Mamun e grupos ismailianos.

Prevenidos a tempo pouco antes da sua prisão, sete desses Templários, dentre os quais Gaston de la Pierre Phoebus e Guidon de Montanor (que praticavam, ambos, ativamente a Alquimia), teriam conseguido fugir primeiro para a Inglaterra, depois para a ilha de Mull, na Escócia. De volta à França, eles teriam criado as FAR + C em 2 de dezembro de 1316. E a Ordem se teria perpetuado secretamente ao longo da história chefiada por uma linhagem de Imperators, dentre os quais figurariam Bulwer Lytton* (51º Imperator), Eliphas Levi*, que o sucedeu, William W. Wescott* ("Mago supremo" da *SRIA* e um dos três fundadores da Golden Dawn*), bem como Rudolf Steiner*.

As FAR + C transmitiriam um conhecimento alquímico.

O seu número seria limitado a 33.

Existiria também paralelamente um grupo de 12 membros que praticariam um método de Alquimia "interna".

***

Para provar a antiguidade da ordem, o Imperator Pierre Phoebus apresenta uma quantidade de documentos manuscritos.

Mas não se deve esquecer que a existência das FAR + C nos é conhecida por Roger Caro (que não é ninguém mais do que o Imperator Pierre Phoebus), cujas teorias e práticas alquímicas são em geral julgadas bastante fantasistas.

FELLOWSHIP OF THE ROSY-CROSS
Fraternidade da Rosa-Cruz.

Depois de ter fechado o templo de Ísis-Urânia da Golden Dawn*, que ele dirigia, Arthur Edward Waite* criou a sua própria Fraternidade: a Fellowship of the Rosy-Cross, que tinha uma orientação nitidamente cristã. Os rituais eram parecidos com os da Igreja católica e, segundo todos os testemunhos, particularmente bem-sucedidos. Porém, a Fraternidade mantinha também um aspecto maçônico e cabalístico herdado da Golden Dawn*, com notadamente grande importância dada aos tarôs.

O fotógrafo Alvin Langdon Coburn (1882-1966) e o escritor Charles Williams (1886-1945) fizeram parte dessa Fraternidade.

Após a morte de Waite, em 1942, a Fraternidade sobreviveu, mas "sob uma forma reduzida".

Ver *Waite (Arthur Edward)**.

FEZ

É nessa cidade de Fez que Christian Rosenkreutz* toma contato com os "habitantes elementares": gnomos, ondinas, elfos, salamandras, descritos por Paracelso*.

Segundo a *Fama**, as especialidades das pessoas de Fez são as Matemáticas, a Física e a Magia.

"Embora a sua religião estivesse manchada de Cabala e a sua Magia não fosse totalmente pura", Christian Rosenkreutz* tirou grande proveito da sua estada. Foi lá que ele compreendeu a harmonia profunda do Universo, estando todos os ramos do saber de acordo com o céu, a terra e Deus...

Valentin Andrea* e amigos com certeza tinham conhecimento da cidade de Fez pelas descrições que dela deu Léon, o Africano, no século XVI. Ele a descreveu notadamente como um viveiro de alquimistas e magos...

FICTULD (Hermann)

Ver *Rosa-Cruz de Ouro*.

FIORE (Joaquim de)

Nasceu na Calábria por volta de 1132. Proveniente de uma família rica e honrada, empreendeu uma viagem ao Oriente com cerca de 25 anos de idade. Chegou a Constantinopla circundado de inúmeros servidores e amigos.

Sob o reinado de Manuel Comneno, Constantinopla era a cidade mais faustosa e refinada da Cristandade. E, entretanto, foi precisamente lá que ele teve de repente a visão da vaidade de toda vida mundana. Rompeu radicalmente com a sua existência anterior e prosseguiu a sua viagem para a Terra Santa, só e pobremente vestido como um peregrino.

De volta para casa, pôs-se a pregar: e já estava animado por esse fervor que o caracterizaria por toda a sua vida.

Em seguida, entrou nas ordens e se tornou monge cisterciense. Continuava a ensinar, mas dessa vez ele se dirigia aos outros monges para reformar os seus costumes. Foi nomeado abade do mosteiro de Corazzo. Porém, o cargo não convinha ao seu temperamento ardente e ele retomou a sua vida itinerante.

Por volta de 1192, ele se separou dos cistercienses e se retirou com um companheiro nas montanhas da Calábria para lá fundar a "congregação de Fiore". Levava uma vida ascética. Tinha a reputação de santo, e logo até mesmo soberanos foram pedir-lhe conselhos. Sabemos que a rainha Constância, mulher do imperador Henrique VI, freqüentou-o assiduamente. Também foi chamado à corte pontifícia, onde encontrou os papas Lucius III, Urbano III e Clemente III; e conversou longamente com o rei da Inglaterra Ricardo Coração de Leão, de partida para uma cruzada na Terra Santa.

Mas, nos seus escritos, ele mostra pouca simpatia pelos laicos, pelos mundanos, particularmente pelos poderosos que oprimem os camponeses pobres. Só os monges encontram realmente graça aos seus olhos. Representam a elite da Cristandade, os verdadeiros discípulos do Espírito Santo, com a condição de que levem uma vida conforme ao seu ideal, pois ele denuncia com virulência os costumes corrompidos dos prelados da Igreja.

Também se opõe muito aos teólogos, bem como aos heréticos do Vaud e aos patarinos (os cátaros) que fazem parte, segundo ele, dos exércitos do Anticristo. Escreveu longas páginas polêmicas contra todos esses "inimigos internos" que se aliarão um dia aos muçulmanos de Saladino para punir os "malvados".

Mas ele é sobretudo conhecido pela sua doutrina das três idades da humanidade, que ecoará imensamente.

Essa idéia parte de uma constatação simples: na origem há a obra do Pai criador do mundo e do Antigo Testamento. Em seguida, vem o Filho, que introduziu uma lei mais perfeita. Mas é fácil constatar que a evolução da humanidade está longe de estar terminada, e será necessária a intervenção do Espírito Santo para acabá-la.

O Filho já limpou a lei de certa literalidade. O Espírito realizará completamente esse trabalho e será a hora do "Evangelho eterno", o que o anjo do apocalipse apresenta a todas as nações (*Apocalipse,* 14-6).

Esse Evangelho não será mais um evangelho de palavras, mas de vida. A Igreja de Pedro e os seus sacramentos serão abolidos e será o reino da Igreja de João.

Cada era possui o seu ciclo próprio e os seus profetas. A época do Pai começa com Adão e dá os seus frutos a partir de Abraão. A do Filho nasce com o profeta Oséias e se realiza com Cristo. A do Espírito começa com São Bento e se manifestará em plena luz do dia proximamente.

À primeira era é associada a luz das estrelas; à segunda, a da lua; e à terceira, a do sol.

Cada qual é analogamente semelhante às duas outras, e é a chave de um conjunto de concordâncias extremamente ricas em que as personagens, as cidades, os acontecimentos do Velho e do Novo Testamentos são postos em relação com a sua própria época por vínculos de analogia. Dessa forma, cada era possui um precursor: Moisés para a primeira, São João Batista para a segunda e Elias para a terceira. Em cada uma, há um período de paz (que ele chama de período sabático) precedido por um julgamento. Para a primeira, foi a estada no Egito precedida pelo julgamento de Sodoma. Para a segunda, o período que vai de Malaquias a São João Batista precedido pelo julgamento da Babilônia; e a terceira virá após a chegada do Espírito Santo precedida pelo julgamento da Nova Babilônia.

Mas Joaquim de Fiore não se limita a uma simples descrição das três eras: ele calcula a sua duração, dá datas e se faz profeta. É dessa forma que ele pode afirmar que a sua época é aquela em que será rompido o sexto dos sete selos do Apocalipse, o tempo em que os muçulmanos aliados aos cátaros perseguirão a Cristandade. E ele pensa que o profeta Elias talvez já esteja presente, que talvez Saladino seja o chefe muçulmano que virá castigar os maus padres, os abades, os bispos, os ricos e os poderosos.

Então virá o sabá, um período de paz. Elias* reaparecerá. O Anticristo será acorrentado "por mil anos". Uma ordem religiosa que realizará a obra começada com São Bento nascerá. A Cidade de Deus até então reservada a uma elite surgirá em todo o seu esplendor e cada qual poderá participar dela. O sentido das Escrituras será revelado a todos. Será o reino da caridade.

Mas, ao término dessa era, virá o tempo do último combate contra os exércitos de Gog e de Magog libertados. Será o mais terrível. Entretanto, precederá imediatamente o julgamento final e o fim da história.

***

No início, foram sobretudo os franciscanos "rigoristas", opostos a todas as flexibilidades dadas à regra pela autoridade eclesiástica, que espalharam as idéias de Joaquim. Eles chegavam a pensar que eram os artesãos dessa obra de regeneração que iria levar à era do Espírito Santo. E essa idéia de uma redenção da Igreja pela ação do Espírito se perpetuará por meio dos profetas como Amaury de Chartres, Gérard Sigarelli (executado como herético em 1307), e sobretudo o franciscano Pedro de Oliva e os seus discípulos que identificavam a Igreja de Roma com a Babilônia, a grande cortesã do Apocalipse. Idéias que encontraram eco no próprio Lutero*. Isso explica por que no começo do século XVII os escritos de Joaquim de Fiore circulavam amplamente e influenciaram o movimento rosacruciano.

Simon Studion e *Julius Sperber* tomaram de empréstimo a Joaquim de Fiore a sua idéia central do retorno de Elias e da era do Espírito Santo. Eles próprios influenciaram muitíssimo *Tobias Hess*, o principal redator dos manifestos. E a *Confessio* retoma muito exatamente as idéias do monge calabrês sobre a abertura do sexto selo.

Ver *Studion (Simon)**, *Sperber (Julius)**, *Utopia**.

FLUDD (Robert)

É o primeiro representante do movimento rosacruciano na Inglaterra.

De origem galesa, nasceu na residência familiar de Milgate House, perto de Bearsted, em Kent, em 1574.

O seu pai, após uma brilhante carreira na administração militar, ali exercia a profissão de juiz de paz.

Com 17 anos, ele entrou no Saint-John´s College de Oxford. Quando recebeu o diploma de *Bacharel em Artes* em 1596, trabalhava em um tratado sobre a Música e já conhecia muito bem a Astrologia.

Em 1598, foi nomeado *Mestre em Artes*.

A seguir, atravessou a Mancha e passou seis anos viajando pelo continente, na França, Espanha, Itália, Alemanha, sempre trabalhando como preceptor de jovens nobres como Charles da Lorena, o duque de Guise, o marquês de Orizan, o visconde de Cadenet, Reinaud de Avignon.

Um suíço chamado Gruterus, encontrado por acaso, ter-lhe-ia ensinado a arte dos ungüentos e dos medicamentos "magnéticos", e ele começou pouco a pouco a se apaixonar pela terapêutica paracelsiana. Por isso, quando voltou para a Inglaterra, empreendeu estudos de Medicina no Christ Church College de Oxford e, em 1605, obteve o diploma de doutor em Medicina. Mas, por causa de sua rejeição da medicina de Galiano, de seu entusiasmo por Paracelso* e, sem dúvida também, por sua insolência, foi somente em 1609 que ele pôde começar a praticar.

Então, instalou-se como médico em Londres, primeiro na Feuchurch Street, depois na Coleman Street.

A sua prática médica era a um só tempo clássica e pessoal. Ele fazia o seu diagnóstico medindo o pulso e olhando a urina, mas também consultando o tema astrológico. Para os cuidados, ele empregava com certeza remédios paracelsianos, já que tinha um boticário ao seu serviço. Sabemos também que ele recomendava regras de higiene e muitas preces.

Mas, se era médico, era também um "espírito universal" que estudou Literatura, Filosofia, Matemática, Teologia. Tornou-se, aliás, célebre em toda a Europa ao mesmo tempo como médico, anatomista, físico, astrólogo, matemático. William Harvey, que descobriu o mecanismo da circulação sangüínea, era seu amigo íntimo. E ele próprio foi o inventor do barômetro.

Foi nessa época, diga-se de passagem, que ele começou a redigir a *História do macrocosmo e do microcosmo*, sua obra maior, uma vasta enciclopédia que ele recomeçará sem parar e nunca terminará.

Porém, desde a publicação da *Fama*, ele se entusiasmou pelas idéias rosacrucianas: além da redação da sua *História...*, ele pegou a pena para defender os rosa-cruzes, atacados por um certo Andrea Libarius. Foi assim que ele publicou uma *Apologia compendiaria* em 1616, depois em 1617 um *Tractatus apologeticus* (versão argumentada da *Apologia*) e um *Tractatus theologico-philosophicus*, todos os três dedicados à Fraternidade.

Todavia, ele pôde logo começar a publicar o começo da sua *História...* na razão de um livro por ano. Dedicou a primeira parte do livro ao rei Jaime I e, a partir desse momento, o soberano foi sempre um "protetor eqüitativo e benevolente" para ele.

Curiosamente, o impressor não era um inglês, porém um alemão, um certo Johann Theodore de Bry, que exercia a sua profissão no Palatinado então dirigido por Frederico e pela sua esposa Elizabeth (filha de Jaime I). Eles financiaram, aliás, com toda certeza, parte da publicação.

Fludd também publicou uma *Medicina catholica* em dois volumes, em 1629 e 1631 (uma obra que permaneceu inacabada), uma *Philosophia moysaica* (vasto resumo das suas idéias filosóficas) e também uma multidão de pequenas obras críticas como o *Veritatis proscenium* (1621), o *Monochordum mundi* (1623), o *Thruth's Golden Harrow* (1624), *Sophia cum moriae certamen* (1629), *Clavis philosophiae* (1633).

Robert Fludd morreu na sua casa de Coleman Street em 8 de setembro de 1637, com 63 anos. Foi enterrado em Bearsted Church, perto do local do seu nascimento.

Ver *História do macrocosmo e do microcosmo** e *Apologia compendiaria**.

FRANCO-MAÇONARIA

A Rosa-Cruz não tem, aparentemente, vínculos com a Franco-Maçonaria, já que esta última provém diretamente do companheirismo (os rituais, senhas, etc. dessas duas organizações são mais ou menos os mesmos ainda hoje), enquanto a Rosa-Cruz tem uma origem muito mais "intelectual".

Mas, para Gérard de Sède, teria havido um "enxerto" desde a origem por intermédio de Elias Ashmole*, a um só tempo discípulo do rosa-cruz Robert Fludd* e franco-maçom afiliado em 1646 à loja de Warrington, em Lancashire.

E muitos autores vão mais longe. Seguindo os passos de Thomas de Quincey, eles pensam que a Franco-Maçonaria teria nascido na Inglaterra de um encontro entre as guildas de pedreiro (maçom) e o humanitarismo rosacruciano. Essa junção se teria feito por personagens como Robert Fludd*, Comenius* e outros amigos de Valentin Andrea*: Samuel Hartlib (1595-1662) — um alemão instalado na Inglaterra que havia traduzido duas das suas obras — ou o teólogo escocês John Dury (1595-1680).

Thomas de Quincey situa esse nascimento entre 1633 e 1646.

Parece, entretanto, que lojas de *Free-Masons* iniciavam personalidades estrangeiras no ofício, isto é, que pertenciam ao clero, à nobreza ou à burguesia, desde o século XV. Mas isso não exclui uma difusão das idéias rosacrucianas por meio desse âmbito maçônico.

O estudo do caso de Elias Ashmole* pode dar-nos algumas indicações sobre a maneira pela qual talvez se tenha dado essa infiltração.

Por "direito de burguesia", os cidadãos de Londres podiam fazer parte, a título honorário, das confrarias de construtores (o equivalente inglês de companheirismo).

Elias Ashmole* o fez em 1644.

Na seqüência, ele organizou reuniões rosacrucianas na sede dessa confraria, a Mason's Hall. E foi assim que se produziu sem dúvida essa fusão entre intelectuais de inspiração rosacruciana e o companheirismo com os seus ritos e símbolos...

Depois, o cavaleiro Ramsay criou, em meados do século XVII, o Rito escocês que introduzia altos graus, isto é, graus que se situam após os da Franco-Maçonaria tradicional (aprendiz, companheiro e mestre).

Nesse rito, o grau de príncipe rosa-cruz da Águia e do Pelicano é o 18º e último.

A águia seria o símbolo de Cristo na qualidade de Deus e o pelicano, o de Cristo vertendo o próprio sangue pela humanidade. Além disso, a cruz representaria a imortalidade e a rosa, o segredo. A Rosa-Cruz seria, portanto, o segredo da imortalidade.

Para a cerimônia de entronização desse 18º grau, o candidato devia encontrar a palavra perdida. Passava pelas provas da câmara negra. Finalmente, no término do ritual, ele descobria que a palavra perdida era INRI. Essas letras eram colocadas sobre o altar e o candidato era admitido ao grau de Rosa-Cruz

No Rito escocês retificado, foi J.-B. *Willermoz*, um rico burguês lionês, que introduziu o grau de cavaleiro da Espada e da Rosa-Cruz (o 8º) na Grande Loja de Lyon.

A partir dessa época, a Rosa-Cruz tem sido, aliás, estreitamente mesclada à Franco-Maçonaria. Pode-se até mesmo dizer que foi sob uma forma maçônica que se produziu a sua renovação.

Ver *Willermoz (Jean-Baptiste)*, Ashmole (Elias)*, Rosa-Cruz de Ouro**.

FRATERNIDADE DE LOUXOR

Na primeira parte da vida, Madame Blavatsky recebeu o ensino de alguns mestres da Fraternidade de Louxor, que ela encontrou por ocasião da sua estada no Egito. O velho mago copta Paulos Metamon, muito conhecido e respeitado na época no Egito, bem como Sérapis Bey (de quem ainda se possuem algumas cartas endereçadas ao coronel Olcott) faziam parte dessa Fraternidade.

Esta última reclamava para si a Rosa-Cruz e a Cabala.

Foi sem dúvida sob a influência desses mestres que Blavatsky escreveu *Ísis desvelada*. Depois, tomou outra direção, mais voltada para o Oriente. Porém, Rudolf Steiner* sempre reclamou para si essa "primeira" fonte.

Foi essa sociedade que René Guénon confundiu com a Hermetic Brotherhood of Luxor*...

FRATERNIDADE DOS POLARES

Há uma estranha história na origem dessa Fraternidade que reclama para si a Rosa-Cruz.

Mas é necessário precisar que a conhecemos com fé só no testemunho de Zam Bhotiva-Accomani (o autor de *Ásia misteriosa)* e que nunca foi realmente verificada...

Começa em março de 1908, quando um francês, Marco Fille, em férias na região de Bagnaia, ao norte de Roma, socorre um velho homem ferido na beira da estrada. Leva-o para a sua casa, cuida dele e fica sabendo que o velhinho é um nativo que vive como eremita. Os habitantes do vilarejo chamam-no de pai Juliano e não gostam dele, simplesmente porque ele não participa da vida religiosa da comunidade. Como agradecimento, o velho homem lhe dá um antigo manuscrito que, segundo o que se diz, permitirá entrar em relações com ele e lhe pedir conselhos. Pois o pai Juliano vai logo voltar para casa no Tibete.

Mas Marco Fille é um representante comercial *bon vivant* que não se preocupa nem com espiritualidade nem com esoterismo. Põe de lado o manuscrito e o esquece.

Dez anos depois, ele encontra no Egito um certo César Accomani, um italiano apaixonado por Ocultismo. Embora muito diferentes, ambos os homens simpatizam um com o outro e Marco Fille lhe conta a sua aventura com o pai Juliano. César Accomani fica muito interessado. Pede para ver o manuscrito e compreende na hora a sua importância. É uma espécie de oráculo numerológico que permite responder a todas as perguntas "sérias" feitas com concentração suficiente. De imediato, eles se põem a praticar e os resultados são surpreendentes. O método é fastidioso. É preciso anotar a pergunta, seguida do nome, dos prenomes, os da mãe, depois efetuar, a partir dessas letras longas, operações aritméticas. No entanto, esse oráculo não é de modo algum comparável a um método cabalístico. As respostas são frases longas, às vezes muito elaboradas. Na verdade, permitiria entrar em contato telepático com os mestres da Agartha, o centro oculto do mundo. Mais precisamente com o centro esotérico rosacruciano do Himalaia. Pois, segundo César Accomani, o pai Juliano "usava a rosa e a cruz debaixo da roupa". Embora vivesse no Tibete, ele teria pertencido a um grupo de Tradição ocidental.

Graças aos oráculos, eles ficam sabendo que os mestres que se correspondem com eles são três, dentre os quais o pai Juliano e um certo Tek, o Sábio. Eles os apelidam familiarmente de as "pequenas luzes".

E essas "pequenas luzes" aconselham os amigos a instalarem-se em Paris para divulgar os ensinos recolhidos. Rapidamente um grupo se forma em torno deles e vem participar das sessões. Fazem parte dele Jean Marquès Rivière, René Guénon, Maurice Magre, Vivian Postel e o jornalista Fernand Divoire, que dirige um dos grandes cotidianos da época, *O Intransigente*.

Mais tarde, Jean Chaboseau, Henri Meslin de Champigny e até mesmo um bispo católico, monsenhor Lesètre, bem como o príncipe Yu-Kantor do Camboja, participarão também das reuniões.

Em julho de 1929, o oráculo pede-lhes que formem a Fraternidade dos Polares, com o objetivo de "espalhar a luz por toda parte no mundo". O grupo reuniu-se na casa de Accomani, à avenida Junot, nº 36, no 16º distrito de Paris. Logo, dispõe de rituais e dispensa iniciações bastante impressionantes, em que o candidato é recebido por seis membros vestidos de cogulas.

Em 1930, César Accomani publica o livro-manifesto da Fraternidade, *Ásia misteriosa*, com o pseudônimo de Zam Bhotiva. O pai Juliano devia anunciar a sua morte em maio de 1930, mas as "pequenas luzes" continuaram a falar e a Fraternidade editou uma revista, o *Boletim dos Polares*. Foi declarada oficialmente em 6 de agosto de 1933, com Victor Blanchard como presidente. Com esse título, participou da FUDOSI* em 1937 e 1938, em seguida desapareceu com a Segunda Grande Guerra.

Ver *FUDOSI**.

FRATERNITAS ROSAE CRUCIS

Sociedade secreta fundada por Pascal Beverly Randolph* em 1861.

O seu fundador sofrera a influência simultânea das idéias rosacrucianas de Hardgrave Jenning sobre os cultos fálicos e a dos dervixes que pertenciam a um ramo dissidente do islã xiita próximo aos druzos, os *Ansaireth*. Ele os teria conhecido na Síria por ocasião de uma viagem ao Oriente Próximo. Como algumas fraternidades sufis, eles ensinavam uma doutrina gnóstica em que cada alma se transformava em estrela ao término do seu périplo terrestre.

Seriam eles que o teriam posto na via do "elixir da vida".

A Fraternitas Rosae Crucis, no que lhe tange, divulgava todas as doutrinas esotéricas próprias a esse tipo de movimento, sobre a reencarnação, o carma, a crença na vinda de uma era de paz e de felicidade, mas também a igualdade do homem e da mulher (o que era pouco comum na época). Porém, o elemento central era a prática de uma forma de magia sexual ritualizada. O objetivo era unir as secreções masculina e feminina durante o ato físico para gerar uma potente "corrente magnética". A escolha das cores, de perfumes, de músicas e do ambiente geral do cômodo tinha grande importância. Segundo P. B. Randolph*, para realizar esse rito, era também de todo necessário respeitar um certo número de regras. Por exemplo, não se devia tomar nem uma prostituta, nem uma virgem, nem uma menor, nem a mulher de outro, porém exclusivamente a sua própria esposa. Então, a energia "fluídica" assim duplicada podia ser a fonte de múltiplos poderes. Era possível, por exemplo, revitalizar um ou outro parceiro, determinar à vontade o sexo de um filho a vir, fazer surgir em um espelho pessoas vivas ou mortas, realizar qualquer projeto e gerar esse famoso "elixir da vida".

Mas a Fraternitas Rosae Crucis, como a Fraternidade dos Eulis (outra organização criada por P. B. Randolph*), não passava do templo externo de uma fraternidade mais fechada chamada Ordem de Ansaireth ou clero de Aeth (do nome da confraria dervixe que ele freqüentara), sobre a qual temos poucas informações.

Os sucessores de Randolph* foram Freeman B. Dond, Edward H. Broan, em seguida R. Swinborne Clymer. Este último se envolveu em uma violenta polêmica com Spencer Lewis*, o fundador da AMORC*, acusando-o de ter plagiado as idéias de Randolph* e de fazer uma publicidade arrojada contrária ao espírito de uma organização rosacruciana.

Atualmente, a Fraternitas ainda existe em Beverly Hall de Quakertown, na Pensilvânia.

FRATERNITAS ROSICRUCIANA ANTIQUA

Essa Fraternidade rosacruciana foi sobretudo ativa na Alemanha e na América do Sul.

O seu fundador, Arnold Krumm-Heller (1876-1949) tinha, aliás, adotado o pseudônimo de Huiracocha. Era um curandeiro e amigo de Papus*. Foi, a princípio, iniciado na OTO* de Theodor Reuss, o que explica sem dúvida por que a Fraternitas Rosicruciana Antiqua ensinava uma forma de magia sexual que utilizava a polaridade "magnética" do casal.

Krumm-Heller viveu grande parte da vida nos países latino-americanos, em particular no México, onde participou das revoluções de Madero e Carranza. O governo mexicano deu-lhe, diga-se de passagem, funções diplomáticas na Suíça, depois na Alemanha.

Após a sua morte, a Fraternidade diversificou-se em inúmeros ramos rivais.

Ver *OTO**.

FRATRES LUCIS OU BROTHERHOOD OF LIGHT

Sociedade secreta consagrada ao estudo da Magia e à prática da cura espiritual.

Foi fundada em 1873 pelo major Francis George Irwin, chefe dos Adeptos do colégio da SRIA*, de Bristol.

Historicamente, é sem dúvida a continuação da Ordem da Fraternidade da Cruz Mística fundada por Richard Morrison em 1870. Talvez seja também herdeira de uma tradição rosacruciana mais antiga ligada a John Dee* ou mesmo aos Irmãos Iniciados da Ásia* por intermédio de *Carlos da Luz Nascente*.

Mas, de acordo com Irwin, a origem da Confraria teria sido transmitida "em espírito" pelo próprio Cagliostro.

Frédérick Hockley, também membro da SRIA* e cristalomante, fez parte dessa sociedade. Estava em contato com uma entidade, "o anjo coroado", que uma vidente chamada Emma Louise contemplava em um espelho.

Quando essa mulher morreu, Hockley substituiu-a por outra vidente, Emma Harding Britten (1823-1899), que aderiu mais tarde à Hermetic Brotherhood of Luxor*. Ela escreveu duas obras, dentre as quais uma, *Ghostland*, foi traduzida para o francês com o título: *Au pays des esprits (Na terra dos espíritos)*.

Os Fratres Lucis talvez tenham constituído o círculo interno da SRIA* que está na origem da Golden Dawn*, ou pelo menos foi uma das influências que presidiu ao nascimento da última...

Ver *Carlos da Luz Nascente**, *SRIA**, *Golden Dawn**.

FTL

Fraternitas Thesauri Lucis. Sociedade rosacruciana fundada por Papus*, Marc Haven e Sédir* em 1897.

Sabemos poucas coisas sobre essa sociedade secreta muito fechada.

Segundo Sédir, a iniciação era "muito pura e essencialmente crística". Tinha por objetivo reunir os melhores elementos saídos do Martinismo. Mas não se conhecem com certeza os nomes dos outros membros.

Sédir foi o principal promotor da FTL e, quando ele pediu demissão em 1908, a Fraternidade desapareceu pouco depois.

FUDOFSI

Federação universal das ordens e fraternidades dos iniciados, fundada em março de 1939.

Essa Federação de ordens iniciáticas, criada em paralelo e em oposição à FUDOSI*, tem por origem a inimizade entre Spencer Lewis* (fundador da AMORC*) e o sucessor de P.B. Randolph* na chefia da Fraternitas Rosae Crucis, Reuben Swinburne Clymer. Este se aliou a Constant Chevillon, mestre de diversas organizações iniciáticas (Martinismo, Memphis-Misraïm, etc.), para se contrapor ao dirigente da AMORC. A primeira reunião da Federação ocorreu em fevereiro de 1939, no Hotel Georges V, em Paris.

A divisa da FUDOFSI era *Try* (tente). A estrutura administrativa compreendia três membros fundadores: um supremo Grão-Mestre (vitalício), que designava o Grão-Secretário e o Grão-Tesoureiro, assistidos por um conselho que compreendia de 3 a 33 membros.

Clymer reclamava para si a autoridade de um certo conde Martin de Saint-Vincent (muito venerável hierarca da Augusta Fraternidade do mundo)... sem dúvida mítica. Após a guerra, o dr. Arnold Krumm-Heller, criador da Fraternitas Rosicruciana Antiqua*, a ela aderiu. Mas a FUDOFSI não sobreviveu por muito tempo depois da morte de Constant Chevillon, fuzilado em 1944 pela Gestapo.

FUDOSI

Federação universal das ordens e sociedades iniciáticas.

Foi por iniciativa de Sâr Hiéronymus* (Émile Dantinne) que nasceu esse projeto de uma federação internacional dos grupos iniciáticos. Para começar, ele entrou em contato com Spencer Lewis*, o Imperator da *AMORC*. Este lhe respondeu com muito interesse, pois ele também havia vislumbrado uma ação semelhante. Em seguida, contatou Victor Blanchard, Grão-Mestre da ordem martinista e sinárquica, bem como os responsáveis pelos ritos de Memphis-Misraïm. E o *fórum* internacional das ordens iniciáticas ocorreu em Bruxelas de 8 a 16 de agosto de 1934.

Ao todo, 12 organizações estavam presentes, dentre as quais:

— a Ordem da Rosa-Cruz universitária, representada por Sâr Hiéronymus* e Jean Mallinger*;

— a AMORC da América, representada por Spencer Lewis*, a AMORC* da França, por Hans Grüter e Jeanne Guesdon, a AMORC* da Áustria, pelo seu Grão-Secretário Many Cihlar e a AMORC* da Suíça, por August Reichel*, delegado do Grão-Mestre Édouard Bertholet;

— a confraria dos Irmãos Iluminados da Rosa-Cruz; cujo delegado era August Reichel*;

— a Sociedade Alquímica da França, representada também pelo mesmo August Reichel*, que substituía o presidente Jollivet-Castellot*;

— a Ordem dos Samaritanos Desconhecidos, representada também por August Reichel*;

— a ordem cabalística da Rosa-Cruz da França, representada por Victor Blanchard, que substituía o presidente Lucien Manchel;

— a ordem ocultista de Hermes Trismegisto, representada por François Soetewey e Marc Lanval;

— a Igreja gnóstica universal, representada por Victor Blanchard;

— a Ordem martinista e sinárquica, representada pelo Grão-Mestre Victor Blanchard e Lydie Martin;

— a ordem maçônica Oriental do Rito Antigo e Primitivo de Memphis-Misraïm, representada por Hans Grüter e Luis Fitan;

— a Ordem Maçônica mista de Memphis-Misraïm, representada por Raoul Fructus e Maurice De Seck.

Às quais se juntaram logo:

— a ordem da *Rosa-Cruz interior;*

— a *Fraternidade dos Polares*, dirigida por Victor Blanchard.

Três Imperators foram nomeados:

— *Sâr Hiéronymus* (Émile Dantinne) para a Rosa-Cruz européia;

— Sâr Alden (*Spencer Lewis*) para a Rosa-Cruz norte-americana;

— Sâr Yésir (Victor Blanchard) para o Oriente, bem como para as ordens anexas: Martinismo, Memphis-Misraïm, etc.

Marc Lanval foi nomeado secretário para assegurar a ligação entre as diferentes fraternidades, mas foi logo substituído por Jean Mallinger*.

O *fórum* permitiu a cada uma dessas organizações encontrar um público internacional. Spencer Lewis* notadamente recebeu o mandato de representar a Rosa-Cruz na América do Norte. E todas as Rosa-Cruzes européias se colocaram sob a autoridade de Sâr Hiéronymus*, até mesmo as seções suíça e francesa da *AMORC,* dirigidas por Hans Grüter e Édouard Bertholet, que se tornaram, assim, escolas preparatórias para a Rosa-Cruz interior* (fundada pelo mesmo Sâr Hiéronymus*).

O novo *fórum*, que se deu dois anos depois, também em Bruxelas, de 4 a 7 de setembro de 1939, foi marcado por um incidente. Victor Blanchard, um dos três Imperators, autoproclamou-se Grão-Mestre não apenas das Rosa-Cruzes, mas também de todas as ordens iniciáticas do mundo todo. Unanimemente condenado, mesmo dentro das suas próprias organizações, foi substituído por Augustin Chaboseau, que adotou o nome de Sâr Kaërmaduc'h.

Com a saída de Victor Blanchard, os polares e a ordem martinista sinárquica se separaram da FUDOSI e foram logo substituídos pela Ordem do Lis e da Águia (ligada à Rosa-Cruz do Oriente*) e pela União Sinárquica da Polônia.

Houve seis outros *fóruns*, de julho de 1946 a agosto de 1951 e, apesar de alguns conflitos, o balanço da FUDOSI foi positivo. Permitiu muitas trocas sobre pontos de doutrina, iniciação, rituais. Foi também decidido reunir-se "em espírito" em algum período para efetuar preces comuns e enviar pensamentos de paz ao mundo.

Mas, por volta de 1949, divergências cada vez maiores apareceram entre a Rosa-Cruz de Sâr Hiéronymus* e a *AMORC* de Spencer Lewis*. O principal ponto de litígio eram os métodos de recrutamento, fundamentalmente diferentes entre as duas organizações. Os europeus queriam ficar discretos e visavam a um pequeno número de aderentes de qualidade, ao passo que nos Estados Unidos a *AMORC* fazia publicidade nos jornais e revistas.

A dissolução da FUDOSI foi, portanto, pronunciada em Bruxelas em 14 de agosto de 1951 e assinada por Émile Dantinne, Ralf Lewis e Jean Mallinger*.

Ver *Sâr Hiéronymus**, *Lewis (Spencer)**, *Rosa-Cruz interior**.

FUNDAÇÃO DOS TINTUREIROS

Sociedade de beneficência criada por Valentin Andrea* em Calw em 1621. Foi uma tentativa, a um só tempo, de defender operários particularmente miseráveis na época e de aplicar concretamente as suas idéias sobre a necessidade de viver de acordo com a exigência cristã.

Existiu até 1963...

Ver *Andrea (Valentin)**.

GOETHE (Johann Wolfgang von), 1749-1832

Em 1768, caiu doente durante os seus estudos em Leipzig. Voltou, portanto, para cuidar-se junto à sua família que vivia em Frankfurt-sur-le-Main e teve de ficar de cama por longos meses. A sua cura foi finalmente provocada por um "sal" alquímico. Mas antes, sob a influência do seu amigo Fraülen von Klettenberg, ele havia lido muitos livros que tratavam de assuntos esotéricos, notadamente a *Opus mago cabbalisticum,* de Welling.

Em 1784, quando era conselheiro do jovem Carlos Augusto, interessava-se ainda pela Rosa-Cruz, como revela o seu poema *"Die Geheimnisse"* (os mistérios), em que a peregrinação do irmão Marco o conduz diante do portal de um mosteiro ornado de uma cruz circundada de rosas...

Em 28 de junho de 1786, ele escrevia à amiga Frau von Stein que ele considerava as *Bodas químicas* um "lindo conto de fadas". Ele reencontraria, aliás, essa veia rosacruciana quando publicou em 1795 o seu "Conto da serpente verde". Nesse conto, encontram-se um pouco da atmosfera simbólico-fantástica das *Bodas* e alguns temas como os *"Três Reis"*.

Ver *Bodas químicas**.

GOLDEN DAWN OU HERMETIC ORDER OF THE GOLDEN DAWN (ORDEM HERMÉTICA DA AURORA DOURADA)*

Foi, incontestavelmente, uma das mais importantes sociedades secretas anglo-saxãs.

A sua influência foi imensa. Impregnou a maior parte das ordens iniciáticas posteriores e esteve na origem de uma verdadeira renovação da tradição ocidental. E, entretanto, nunca contou com mais de 500 membros e passou pela sua idade de ouro durante um curto período, de 1888 a 1900.

Essa influência se explica sem dúvida pela qualidade dos seus membros, pela beleza um pouco teatral dos rituais criados por Mathers, pelo mistério das suas origens e sobretudo porque não era uma simples organização iniciática especulativa em que se pagam as suas cotizações e se progride por antigüidade. Ela pedia um real "trabalho sobre si", uma espécie de sistema de ioga ocidental que usava a simbologia da Cabala e do Tarô.

***

Historicamente, a Golden Dawn foi fundada em 1888 pelo dr. William Wynn Westcott*, Samuel Mathers** e R. William Woodman. Os três eram dirigentes da SRIA*, já que Woodman era o seu "Mago Supremo"; Westcott*, o secretário; e Mathers*, o "Mago suplente".

Wynn Westcott* pretendia possuir os manuscritos cifrados de cinco rituais inteiramente codificados segundo a poligrafia de Trithème* — manuscritos que lhe teria legado o reverendo Woodford, um clérigo membro da loja Quatuor Coronati, a que ele também pertencia. Woodford tê-los-ia encontrado com um livreiro, postos entre as páginas de um livro do século XVIII utilizado pela Rosa-Cruz de ouro*, intitulado *As figuras secretas da Rosa-Cruz*. Tais textos teriam pertencido a *Eliphas Levi* e seriam provenientes do rabino Falk, o "Baal Shem Tov" de Londres.

** N. E.: Sugerimos a leitura de *Coletânea Hermética — uma introdução ao universo da magia, da Cabala, da Alquinia e do Ocultismo* e *Uma Introdução ao Estudo da Cabala*, ambos de William Wynn Westcott e de *O Tarot — um pequeno tratado sobre a leitura das cartas*, de Samuel Mathers

Ainda segundo *Westcott*, uma das folhas codificadas do documento dava também o endereço de uma certa Anna Sprengel, uma alemã que representava uma antiga ordem rosacruciana.

Ele entrou em contato com essa mulher e ela lhe permitiu fundar o templo Ísis Urânia nº 3 de Londres, que se tornou a loja-mãe inglesa da Golden Dawn.

O sucesso da Ordem foi imediato. No começo, o recrutamento foi feito sobretudo entre os membros da Franco-Maçonaria* e da Sociedade Teosófica, mas rapidamente todas as pessoas importantes do ocultismo inglês fizeram parte da Ordem: A. E. Waite*, o alquimista W. A. Ayton, o físico William Crookes, o astrônomo J. W. Brode-Innes, o budista Allan Bennet, o médico Edward Berridge, os ocultistas Aleister Crowley e Dion Fortune. Bem como os membros eminentes do mundo artístico, a exemplo do poeta William Butler Yeats (que se tornou um dos seus dirigentes), Florence Farr (a atriz preferida de Oscar Wilde), Constance Marz (a esposa de Oscar Wilde), os romancistas Arthur Machen, Algernon Blackwood e Bram Stoker.

Cada um devia escolher uma divisa para si. Dessa forma, Yeats adotou "Demon est deus inversus", Waite*, "Sacramentum regis", Arthur Machen, "Avallaunius",

---

* N. E.: Deste autor, sugerimos a leitura de *Os Livros de Thelema* e *Palavras-Chave para O Tarô de Crowley*, Madras Editora.

Mathers, "Deo duce comite ferro", Westcott, "Sapire Aude", etc.

***

A Golden Dawn compreendia uma hierarquia de dez graus diretamente herdada da *SRIA*.

Esses graus eram relacionados com o sistema dos sefirot. O candidato começava com Malkut, o mais material, e se elevava aos poucos para Kether, a esfera da unidade.

Para passar de um para o outro, era preciso fazer exames, memorizar correspondências simbólicas, aprender a Cabala e o hebraico.

O ensino era divulgado durante as cerimônias de iniciações, em seguida retomado nas aulas. Um ensino oral também era transmitido pelos padrinhos, pois, como na Franco-Maçonaria, eram necessários dois padrinhos (um Irmão e uma Irmã), pertencentes à Ordem interior, para ser admitido.

Porém, o sistema não era simplesmente fundamentado na Cabala. O tarô, a "magia enochiana" de John Dee*, bem como o famoso *Livro de Abramelin, o Mago* ocupavam também um grande lugar.

A Golden Dawn era dividida em três ordens.

A primeira era a ordem hermética exterior da Aurora Dourada, que compreendia cinco graus. O do neófito era um grau preliminar. Os quatro seguintes, Zelator, Theoricus, Practicus, Philosophus, correspondiam aos quatro elementos que o candidato devia sucessivamente revelar e dominar.

Durante esse período, ele recebia também o ritual do pentagrama, que permitia abrir-se ou fechar-se às influências alheias à vontade, e lhe ensinavam a Astrologia, a Alquimia, a Geomancia, o Tarô, a Cabala.

Quando atingia o grau de Philosophus, ele podia postular a sua entrada na "ordem interior", a ordo Rosae rubeae e aureae Crucis (a ordem da Rosa de rubi e da Cruz de ouro).

Passava, então, pelo grau de "senhor dos caminhos do portal do subterrâneo dos adeptos" e esperava nove meses.

A cerimônia de acesso ao primeiro grau da ordem interior era tida como a reatualização da descoberta do túmulo de Christian Rosenkreutz*. Esse episódio da *Fama* era usado como arquétipo do processo de morte e de ressurreição iniciáticas. Era, na verdade, a cerimônia central da Golden Dawn, já que ela fazia o candidato passar da "ordem exterior" para a "ordem interior"...

O postulante era introduzido em um cômodo de paredes cobertas com desenhos cabalísticos, alquímicos, astrológicos. Sobre o teto branco, estava pintada uma rosa de 22 pétalas. No solo, havia uma cruz de ouro unida a uma rosa vermelha.

No começo, o candidato era atado a uma cruz de madeira. Ele devia escutar uma exposição sobre as virtudes da humildade e lhe pediam que se unisse com o seu "gênio superior". Uma vez desatado, ele era instruído sobre a vida de Christian Rosenkreutz* e, ao final desse discurso, ele recebia um bastão e um *ank* (uma cruz da vida egípcia). Então, explicavam-lhe o sentido do touro, do leão, da águia e do homem que figuravam na porta do subterrâneo.

Ele fazia vários juramentos.

Finalmente, um dos guias que o acompanhavam levantava a tampa do túmulo e ele descobria um dos irmãos iniciadores escondido embaixo. Esse irmão se dirigia a ele e o seu discurso terminava por estas palavras: "No alambique do teu coração, pelo atanor da tua aflição, procura a verdadeira pedra dos Sábios...".

Um cajado e um chicote lhe eram dados, em seguida a tumba era fechada.

Explicavam ainda ao candidato o significado das letras INRI, as correspondências das cores com os planetas e os signos do zodíaco. Depois a cerimônia terminava.

O candidato estava iniciado no grau de "adeptus minor".

Uma vez na ordem interior, ele se exercitava em dominar os rituais maiores do pentagrama e do hexagrama, em construir e consagrar talismãs e as sete armas mágicas. Também estudava as tabuletas enochianas e a projeção astral.

Depois de ter tido a visão do seu "anjo da guarda", o seu "gênio superior" e enfrentado os seus "demônios", o "adeptus minor" podia passar para a cerimônia de acesso ao grau de "adeptus major", que consistia em viver a morte e a ressurreição de Osíris.

Mais alto havia o grau de "adeptus exemptus", reservado aos chefes da Ordem.

As iniciações da terceira ordem se davam no plano astral. Consistiam em entrar em contato com os "superiores desconhecidos", os chefes invisíveis da ordem a que faz alusão Mathers* e que lhe teriam ensinado o essencial do cerimonial e das doutrinas.

Compreendiam quatro graus: "senhor do abismo", "magister templi", "magus" e "ipssissimus".

Os diversos templos da Golden Dawn eram independentes e dirigidos por três membros: um Imperator, um Praemons trator encarregado mais particularmente do ensino, e um Cancellarius, a um só tempo secretário, arquivista e tesoureiro.

A hierarquia compreendia também sete "oficiais do ritual" que mudavam a cada equinócio.

***

Foi, enfim, Aleister Crowley quem provocou o conflito que acarretou a divisão da ordem.

Mathers* estava em Paris para lançar o Movimento Ísis, quando Yeats, Waite, Farr e alguns outros membros importantes da Loja de Londres decidiram excluir da "ordem interior" o jovem Crowley, por causa do seu comportamento sexual "escandaloso" que corria o risco de denegrir a reputação da ordem.

Mathers ficou sabendo disso e decidiu que ninguém devia intrometer-se na vida privada de Crowley. Tinha um temperamento autoritário e escreveu uma série de cartas virulentas. Em uma delas, acusava *Westcott* de ter falsificado a sua correspondência com Anna Sprengel e de não ter, na verdade, jamais estado em contato com ela.

Estudos feitos na seqüência — notadamente por Ellie Howe no seu livro *Magicians of the Golden Dawn* — provaram que Anna Sprengel não havia verossimilmente jamais existido. Quanto aos manuscritos cifrados, eles foram sem dúvida redigidos por Kenneth Mac Kenzie*, um membro eminente da SRIA que era especialista em criptografia. O seu nome iniciático era, diga-se de passagem, Frater Cryptonimus.

O estudo da sua correspondência com o major Erwin prova que ele tinha o desejo de criar uma Ordem mais "operativa" do que a SRIA*. Mas não pôde levar a bom termo o seu projeto, pois morreu em 1886.

O reverendo Woodford herdou então famosos manuscritos que serviriam para a criação da Golden Dawn (cf. Jean-Pascal Ruggiu).

Mas é igualmente muito possível que os ensinos da ordem provenham, *in fine*, da loja de Frankfurt-sur-le-Main, Carlos da Luz Nascente*, de que, sem dúvida, Bulwer Lytton* fazia parte.

De qualquer modo, essa revelação provocou a ruptura entre Mathers* e Yeats, e a Golden Dawn se viu cindida em duas: de um lado, o templo de Paris Ahathoor, o templo inglês Alpha e Omega dirigido por Edward Berridge; do outro, os membros ingleses hostis a Mathers, como Percy Bullock, Robert W. Felkin e Brode-Innes (responsável pelo templo de Edimburgo).

Em seguida, a Ordem se fracionou mais ainda.

O ramo dirigido por Felkin adotou o nome de Stella matutina. Felkin se dizia em relação com "chefes secretos" e com um espírito árabe chamado Ara ben Shemesh. Ele se instalou finalmente na Nova Zelândia em 1918.

A. E. Waite* criou, por sua vez, uma sociedade mais cristianizadora, a Fellowship of the Rosy-Cross. Crowley fundou a Astrum argentum depois de ter revelado os rituais da ordem na sua revista *The Equinox*. Já Dion Fortune assumiu logo a direção da Society of the Inner Light.

Parece que a Golden Dawn continuou com as suas atividades na Nova Zelândia no templo Thoth-Hermes de Wellington, cuja criação de um templo Hórus nos Estados Unidos ele próprio autorizou.

É preciso mencionar um fato curioso.

Em 1967, o desabamento de uma falésia sobre o litoral da Mancha levou também uma velha casa abandonada. Nas ruínas, descobriu-se um cofre que continha instrumentos rituais da Golden Dawn. A casa havia pertencido à senhorita Tranchell Hayes, a dirigente do ramo Alpha e Omega.

Essa descoberta esteve na origem de um renovado interesse pela Fraternidade. Reimprimiu-se o livro de Israel Regardi (o discípulo de Crowley), Ellie Howe publicou *Magician of the Golden Dawn* e Francis King, *Astral projection Magic and Alchimie*.

Depois dessas obras, a Golden Dawn ficou na moda na Inglaterra e nos Estados Unidos. As publicações multiplicaram-se, bem como os grupos direta ou indiretamente inspirados pela Ordem: *the Order of the Cubic Stone, the Servant of Light, the Order of Sphinx and Pyramix* (especializada na magia enochiana).

Ver *Mathers**, *Westcott**, *SRIA**.

GUAITA (STANILAS DE) 1861-1897

O marquês Stanislas de Guaita descendia de uma velha família nobre de origem florentina.

Toda a sua vida, ele se dividiu entre o seu castelo de Alteville, perto de Dieuze na Lorena, e a sua residência de Paris.

Estudou no liceu de Nancy e foi lá que ele conheceu o futuro romancista Maurice Barrès, que se tornou seu amigo. Apesar de algumas rusgas passageiras, eles estudaram juntos Química, Medicina e se apaixonaram por Baudelaire. Pois Stanislas de Guaita foi, a princípio, um poeta simbolista. Publicou três coletâneas: *Os Pássaros de passagem* (1881), *A musa negra* (1883), *Rosa mística* (1883). Depois, o seu amigo escritor Catulle Mendès lhe fez descobrir o Ocultismo por meio da obra de Eliphas Levi*. Entusiasmou-se pela Cabala, aprendeu hebraico, leu o *Zohar* no original e acumulou pouco a pouco uma extraordinária biblioteca. Quando morreu, na sua casa foram enumerados 1.653 livros raros: livros fechados à chave, formulários para uso dos mágicos e feiticeiros, manuscritos da Idade Média, documentos inencontráveis, todos cuidadosamente anotados.

Ele passava semanas inteiras estudando no seu apartamento e logo começou a redigir a sua obra. Uma obra impregnada das doutrinas da Cabala, de Eliphas Levi*, de Paracelso* e de Saint-Yves de Alveydre, com quem ele se correspondia e a quem chamava "meu caro Mestre".

Queria que a sua obra abraçasse a totalidade dos conhecimentos ocultos, que fosse uma "síntese radical, absoluta".

Ele a dividiu em três volumes de sete partes cada, segundo os 21 arcanos do Tarô, sendo a 22ª a conclusão. O primeiro volume, *O templo de Satã*, denuncia todas as formas de feitiçaria e "o egoísmo primordial", fonte do mal metafísico. O segundo volume, intitulado *A chave da magia negra* (1897), descreve as manifestações da "luz astral", essa "serpente fluídica" que envolve a terra e explica muitos fenômenos ocultos.

Não pôde concluir o último volume, *O problema do mal*.

Foi em 1888 que ele fundou a ordem cabalística da Rosa-Cruz*.

***

Ele foi envolvido no curioso caso do abade Boullan, que fez muito barulho na época.

Boullan era um discípulo de Vintras, um médium que se dizia o profeta Elias reencarnado. Ele havia fundado o Carmelo da Misericórdia e fenômenos estranhos ocorriam à sua volta: hóstias cobertas de sinais bizarros, sinos que tocavam sozinhos, um quadro de Cristo que sangrava, etc. Quando Boullan assumiu seu posto no culto "de Elias", Stanislas de Guaita mandou o seu secretário Oswald Wirth investigá-lo. E este descobriu que não apenas a jovem religiosa belga Adèle Chevalier era amante dele, mas que freiras estavam envolvidas em práticas sexuais coletivas. A isso se somavam desvios de dinheiro, que, diga-se de passagem, valeram a Boullan e à sua companheira alguns anos de prisão. Logo, o tribunal da Rosa-Cruz o condenou à revelação pública das suas atividades, e não a um feitiço qualquer, como se tentou fazer crer na época. Ademais, Stanislas de Guaita era um teórico puro que desprezava qualquer prática mágica. Mas ocorre que o abade morreu em 1893, pouco tempo depois. Logo os seus amigos, o escritor Huysmans e o jornalista Jules Bois, fizeram crer que ele havia sido vítima de um sortilégio.

De Guaita reagiu e provocou um duelo com os dois homens. O primeiro apresentou as suas desculpas. O duelo ocorreu com o segundo, mas ambos erraram o tiro...

GUESDON (Jeanne)
Ver *AMORC**.

GUTMANN (Aegidius), 1490-1584
Ele é considerado um precursor imediato da Rosa-Cruz. Originário da Suábia, depois de ter em vão percorrido o mundo e estudado todos os conhecimentos ensinados na sua época, ele teria finalmente encontrado a sabedoria em um livro misterioso intitulado *Falmad*.

Em 1515, teria escrito um grosso tratado em alemão, publicado depois da sua morte, em 1619, em Frankfurt: *Revelação da Majestade divina em que é mostrado como Deus, o Mestre, revelou-se no começo de todas as suas criaturas por palavras e obras, como ele redigiu em uma espécie de conto toda a sua obra e as suas qualidades, propriedades, força e ação; e tudo o que ele ofereceu ao primeiro homem que criou à sua imagem, o que se realizou desde então.*

O título completo do livro já mostra o essencial das idéias desenvolvidas, muito parecidas com as da *Fama**, da *Confessio**, de *Julius Sperber** ou de *Michael Maïer**. É sempre o conhecimento transmitido a Adão que é a fonte de toda verdade, e essa verdade, que se transmitiu a Moisés e a Salomão, nem o papa nem os teólogos luteranos podem alcançar. Somente aqueles cujo nome está inscrito no *Livro eterno da memória de Deus* ou *Livro de vida* podem receber a revelação de alguns dos mistérios da Sabedoria. Somente aqueles que se abrem para a ação do Espírito Santo podem compreender todas as coisas: conhecer o futuro, transmutar os metais, curar os doentes, conversar com pessoas distantes, ver o interior da Terra...

Mas o texto está, além disso, imiscuído de considerações interessantes, a exemplo do que é dito sobre os sonhos. Pois, segundo Gutmann, é à noite que o homem repassa as suas ações do dia, examina-as e julga-as. E é também à noite que Deus envia os seus anjos para lhe mostrar o verdadeiro caminho que ele deverá seguir durante o dia....

HARTMANN (Franz)

Ver *Rosa-Cruz Esotérica**, *Aventura entre os Rosa-Cruzes (uma)**.

HASSELMEYER (Adam)

Secretário (alguns dizem notário) do arquiduque Maximiliano. Residia perto de Hall, no Tirol. Depois de ler uma cópia manuscrita da *Fama**, em 1610, escreveu uma carta que foi publicada com a primeira edição da obra. Ele se entusiasmou pelas idéias rosacrucianas, e toda a sua carta é um chamado à Fraternidade da Rosa-Cruz: "Venham, ó padres lúcidos e puros, ungidos da Sabedoria eterna e florescentes em seus milagres..."

Ver *Fama**.

HEINDEL (Max), 1865-1938

Pseudônimo de Carl Louis Von Grasshoff. Esse aristocrata dinamarquês de origem alemã foi o fundador da Rosicrucian Fellowship*.

Trabalhou, primeiro, na marinha mercante, depois como engenheiro em Nova York antes de se instalar em 1903 em Los Angeles, onde se tornou um dos dirigentes da Sociedade Teosófica. Mas seria em 1907, durante uma viagem à Alemanha, que se situaria o seu encontro decisivo com um Irmão mais velho da Ordem da Rosa-Cruz. Ele teria proposto ensinar-lhe os conhecimentos que fora buscar, com a condição de que os mantivesse secretos. Mas Heindel recusou, e o Irmão lhe revelou então que ele acabava de vencer a prova a que se havia submetido. Conduziu-o ao templo dos rosa-cruzes perto de Berlim, e, durante um mês, ele ficou em contato com Irmãos; estes lhe ditaram o ensino que serviria de base para a sua obra futura.

De maneira mais verificável, sabemos que foi durante essa viagem que ele encontrou Rudolf Steiner*, o qual lhe causou profunda impressão.

De volta aos Estados Unidos, publicou em 1909 a sua obra maior, a *Cosmologia dos rosa-cruzes*, e fundou a Rosicrucian Fellowship* em Seattle. No ano seguinte, casou-se com Augusta Fross, uma astróloga famosa. E isso explica sem dúvida por que o casal ia dar grande importância a essa disciplina na sua Fraternidade rosacruciana.

Estava doente do coração havia muito tempo e morreu em 1919. A sua mulher tomou a chefia da organização até morrer, em 1938.

Max Heindel publicou muitas obras e a sua concepção do mundo é, em grande parte, uma versão cristianizada da Teosofia. Ele retoma as idéias teosóficas básicas sobre a reencarnação, o carma, a evolução humana por meio das raças polar, hiperboreana, lemuriana, atlântica, ariana, com as sub-raças correspondentes. Encontra-se também a hierarquia dos sete planos sutis que estruturam o Universo.

Para Max Heindel, a Rosa-Cruz teria nascido em 1313 na Alemanha. Teria sido fundada por um príncipe que tinha o nome de Christian Rosenkreutz*. A Fraternidade ter-se-ia perpetuado secretamente ao longo das eras, e a Rosa-Cruz do século XVII seria apenas uma das suas manifestações. Ele precisa que Christian Rosenkreutz* teria constantemente vivido e encarnado em um país da Europa, colaborando com alquimistas, inspirando Francis Bacon*, Jakob Böhme e muitos outros pesquisadores de verdades.

Ver *Rosicrucian Fellowship**.

Hércules cristão (as vinte e quatro letras)

Obra de Valentin Andrea* publicada em 1615 em Estrasburgo, um ano após a *Fama** e a *Confessio**.

É, portanto, um dos primeiros livros editados pelo autor.

Nessa alegoria que põe em cena o mundo, a carne e Satã, Valentin Andrea* insiste na necessidade de morrer para o mundo para renascer para Cristo.

Faz também alusão a uma República ideal em que os cidadãos são unidos pela caridade.

O *Hércules cristão*, portanto, já revela o programa de Valentin Andrea*: realizar a obra de Lutero, ou seja, reformar as almas e a sociedade ainda "prisioneira da servidão no Egito"...

HERMETIC BROTHERHOOD OF LUXOR (H. B. OF L.)

Sociedade secreta que surgiu em Boston em 1880.

Teria sido fundada por Max Théon, um judeu polonês cujo verdadeiro nome era Maximiliano Bimstein.

Ele chegou ao palco do Esoterismo europeu nos anos 1870, declarando-se o missionário de misteriosos mestres espirituais que representavam a "Tradição primordial".

Dois escoceses, Peter Davidson* e Thomas H. Burgoyne, tornaram-se logo discípulos dele. Burgoyne era um aventureiro condenado em 1883 à prisão por uma escroqueria cometida sob o nome de Thomas Henry Dalton.

A H. B. of L. era governada por três membros: um astrólogo, um vidente e um escriba. Burgoyne era o escriba e Davidson, o Grão-Mestre. O recrutamento se fazia após exame do tema astrológico.

Na França, foi o ocultista Charles Barlet que se tornou o representante da Fraternidade. Ele iniciou Papus, Sédir*, Chaboseau, Marc Haven (entre outros), e transmitiu documentos ao seu amigo René Guénon que ficou, por um tempo, vivamente interessado. No entanto, no seu livro sobre o *Teosofismo*, o último diz que Madame Blavatsky havia sido excluída da Hermetic Brotherhood of Luxor. Ocorre que ele confunde manifestamente essa ordem com a *Fraternidade de Louxor,* à que ela pertenceu de fato.

O estudo da sua correspondência prova, aliás, que ela sempre foi hostil à H. B. of L., em que via a criação de um "traidor caracterizado".

***

A doutrina da H. B. of L. nos é conhecida, entre outras, pela obra de Burgoyne, *The Light of Egypt*. Ele reclama para si um Esoterismo ocidental oposto ao Orientalismo da Sociedade Teosófica. Nega notadamente a reencarnação ou pelo menos a considera uma anomalia "tão rara quanto um idiota congênito",

O estudo dos escritos de Peter Davidson* e de Emma Britten (*Art Magic* e *Ghostland*) prova que a Fraternidade havia sofrido fortemente a influência das idéias "rosacrucianas" de Hardgrave Jenning e de P. B. Randolph* sobre os cultos fálicos e a magia sexual, embora os discípulos de Max Théon e de René Guénon tenham tentado em vão negar o fato.

O ensino da H. B. of L. dava também muita importância à Astrologia.

Essa tendência tomou ainda mais amplitude sob a influência dos sucessores de Davidson* na chefia da Fraternidade: Belle M. Wagner, em seguida Elbert Benjamine (1882-1951), uma célebre astróloga norte-americana que acabou por difundir uma "religião das estrelas".

***

Max Théon, no que lhe tange, partiu e foi viver com a esposa em Tlemcen, na Argélia, onde fundou em 1900 o Movimento Cósmico, uma doutrina muitíssimo influenciada pela Cabala.

Mira Alfassa Richard (1878-1979), a futura "mãe" do ashram de Aurobindo, fez parte do movimento, como ela conta na sua *Agenda*.

Depois da morte de Max Théon, o Movimento Cósmico prosseguiu com a família Thémanlys, Marc Sémenof, Jacques Janin e M. J. Benharoche-Baralia, do seminário israelita da França, adquirindo uma coloração cada vez mais judaica.

HESS (Tobias)

Médico, teólogo, cabalista, amigo de Valentin Andrea*.

Nasceu em 31 de janeiro de 1568 em Nuremberg.

Freqüentou sucessivamente as universidades de Erfurt, Iena, Altdort, Tübingen, e, em 10 de maio de 1592, recebeu o título de doutor em Direito.

Foi jurisconsulto em Espia, depois em Tübingen, mas, revoltado com a justiça da época, pediu demissão.

Então, estudou Medicina: Hipócrates, Galiano, mas também Paracelso*. E essa dupla competência lhe permitiu operar curas muito eficazes, notadamente em Valentin Andrea*, que ele curou de uma febre mortal.

Voltou-se, finalmente, para estudos teológicos.

Durante a vida toda, também foi apaixonado por cálculos proféticos sobre a queda do papa, o juízo final e a segunda vinda de Cristo.

E fez todos esses estudos, apesar dos seus 12 filhos... o que sempre provocou a admiração de Valentin Andrea*.

Este publicou em 1616 de maneira anônima um livro, a *Theca gladii spiritus*, cujo prefácio atribui a Tobias Hess.

Com certeza, foi um dos redatores da *Fama** e da *Confessio**.

John Werwich Montgomery sustenta até mesmo em *A cruz e o cadinho* que o papel principal coube a ele.

Um fato preciso parece dar-lhe razão.

De fato, na sua obra *O diarium*, datada de 1597, Martin Crusiers afirma que Tobias Hess havia profetizado a ruína do papa para sete anos mais tarde.

Acontece que 1604 é precisamente a data da descoberta do túmulo de Christian Rosenkreutz*.

Além do mais, na oração fúnebre pronunciada por Valentin Andrea*, este imprimiu em itálico ao mesmo tempo o nome de Tobias Hess e a palavra *Fama**, como que para indicar um vínculo entre os dois...

Ver *Fama**.

HESSE CASSEL (família de)

Essa família esteve estreitamente envolvida no movimento rosacruciano.

Foi Maurício de Hesse Cassel quem mandou editar a *Fama* e que reuniu o primeiro conclave rosacruciano*; e o seu médico Michael Maïer* foi um dos mais ardentes propagadores das doutrinas elaboradas pelos manifestos.

Mas, para melhor compreender o seu papel, é preciso talvez remontar ao seu pai, Guilherme IV de Hesse Cassel, chamado de o Sábio (1533-1592).

Era um príncipe esclarecido que protegeu a vida toda os cientistas. Ele próprio possuía imensos conhecimentos, notadamente na área do oculto.

Apaixonou-se pela Astronomia e construiu em 1561 um observatório em Cassel. Nele fez observações, sozinho, durante 17 anos, depois se associou com o matemático Rothmann e com um construtor de instrumentos, Justo Byrge. Foi igualmente amigo e protetor de Tycho de Brahé, o célebre astrônomo sueco.

Morreu em 25 de agosto de 1592 aos 60 anos. O resultado dos seus trabalhos astronômicos foi publicado em Leyde, em 1628, com o título *Coeli et siderum in es errantium observationes Hassiacoe*. É na verdade um catálogo das estrelas fixas. Também temos a sua correspondência com Tycho de Brahé.

Segundo Robert Ambelain, ele seria o depositário de uma filiação iniciática templária. Vários indícios o levam a pensar isso. Entre outros, o brasão da família, "de prata, com a cruz gravada e aberturas com dupla travessa de aberturas". Ocorre que a "cruz gravada com dupla travessa" foi o privilégio exclusivo dos altos dignitários do Templo. E isso explicaria a estranha vocação dessa família principesca.

***

Maurício de Hesse Cassel, apelidado de o Cientista, foi, portanto, o digno sucessor do seu pai.

Apaixonado por Alquimia, Cabala, profundamente místico, ele criara uma cadeira de Quimiatria na Universidade de Hamburgo, em 1609.

Talvez tivesse conhecido Valentin Andrea* em Calw.

E foi em 1615 que ele presidiu em Cassel o primeiro conclave rosacruciano*, composto de príncipes reinantes, teólogos, místicos e médicos paracelsianos.

Em compensação, ele se "converteu" ao Calvinismo e isso lhe criou tantos problemas que preferiu abdicar em benefício do filho.

***

O seu descendente, Carlos de Hesse Cassel, perpetuou essa "vocação" familiar.

Ele nasceu em Cassel em 19 de dezembro de 1744 e morreu aos 92 anos no castelo de Gottorp, perto da cidade de Sleiswig.

Passou a juventude na corte do rei da Dinamarca, de quem desposou uma filha.

Conheceu o conde de Saint-Germain em 1778: a partir desse momento, ele o abrigou e o protegeu até a sua morte (ou desaparecimento).

Tornou-se o Grão-Mestre dos Irmãos Iniciados da Ásia* e da Estrita Observância templária e participou de diversos movimentos maçônicos.

O seu diário e a sua correspondência estavam de posse do maçom lionês *J. B. Willermoz.*

Era um ser muito piedoso e profundamente bondoso.

Não apenas acreditava na reencarnação, mas, em uma das suas cartas, ele afirma ter tido a visão das suas vidas passadas (J. Van Rijnbeck, *Episódios da vida esotérica*).

Escreveu textos em escrita automática que lhe teriam dado a explicação do zodíaco de Denderah (que ele considera uma narração mítica da vida secreta de Osíris) e do Apocalipse de João.

Praticou também invocações mágicas e se dedicou à Alquimia com o conde de Saint-Germain.

Ver *Irmãos Iniciados da Ásia**, *Carlos da Luz Nascente**.

História do macrocosmo e do microcosmo

Obra maior de Robert Fludd*.

É uma espécie de enciclopédia rosacruciana que quer abraçar a totalidade dos conhecimentos da sua época. Nunca foi terminada.

O livro, de dificílimo acesso, vale também pela qualidade da iconografia. Ele é de fato inteiramente ilustrado com magníficas gravuras executadas por Matthieu Mérian.

O primeiro volume, consagrado ao estudo do *Macrocosmo*, é dividido em duas partes. De um lado, as obras de Deus: a Criação. De outro, as dos homens: música, ciências, arte militar, perspectiva, etc.

Da mesma forma, o segundo volume consagrado ao *Microcosmo* compreende na sua primeira parte as faculdades humanas provenientes de Deus: estudo do corpo físico, mas também dom de profecia, etc. A segunda, as que provêm dos homens: Quiromancia, Geomancia, Astrologia, etc.

O pensamento de Fludd* tal e qual se exprime nesse texto se enraíza a um só tempo em Hermes Trismegisto, nos neoplatônicos e na Cabala. Porém, possui também vários aspectos originais.

O absoluto, Deus, que ele simboliza pelo YHVH hebraico, é Um, mas possui um rosto duplo, luminoso e obscuro, se fica em si mesmo ou se age e dá o ser ao mundo. O aspecto tenebroso é um abismo, um caos, fonte de todos os conflitos, de todos os infortúnios que agitam os homens.

Dessa forma, o mal não é simplesmente uma conseqüência da queda, portanto uma transgressão do ser humano, mas tem a sua raiz no próprio Deus. No entanto, esse "mal cósmico" terá um fim quando Cristo devolver o seu reino ao seu Pai. Nesse dia, todo conflito deixará de existir...

Uma outra idéia original de Fludd* é a sua crença na existência de um aspecto feminino de Deus. Exalada por Yahvé, *ela* é o eterno espírito de sabedoria, a bela do *Cântico dos cânticos* que suspira sem parar junto ao amado, o Verbo. Uma ilustração do livro mostra-a nua, ligada a Deus por uma corrente. Um fluido emana do seu seio, pois ela nutre todas as criaturas. Ela é a alma do mundo que move a terra como a alma individual move o corpo físico. A sua cabeça é aureolada de estrelas. É o intermediário entre o Verbo e o universo material, como a alma é o intermediário entre o espírito e o corpo.

***

Para Fludd*, a criação é produzida por um raio de luz divina que se densifica aos poucos, progressivamente absorvido pela matéria, à medida que se distancia da sua fonte. E essa proporção de espírito e de matéria dá nascimento aos três mundos.

No empíreo, povoado de anjos, repleto de um fogo espiritual, a matéria é rara.

No mundo etéreo, em que se encontram as estrelas e os demônios, luz e matéria equilibram-se.

No mundo elementar, em compensação, a matéria predomina. É o mundo sublunar submetido à geração e à corrupção.

Os demônios foram expulsos do empíreo por São Miguel, o arcanjo que habita desde então o Sol.

Além disso, na cosmologia fluddiana, Deus age sempre por intermédio dos anjos ou dos demônios que lutam perpetuamente uns contra os outros...

Ver *Fludd**.

HOCKLEY FREDERICK
Ver *Fratres Lucis**, *SRIA**.

ÍNDIA

Foi sem dúvida *Michael Maïer*, no seu *Silentium post clamores*, quem primeiro afirmou que a doutrina dos rosa-cruzes tinha por origem a dos brâmanes indianos. Uma afirmação retomada por alguns autores rosacrucianos, dentre os quais Robert Fludd*.

Mais tarde, Heinrich Neuhaus, um médico de Dantiz mais considerado um adversário dos rosa-cruzes, retomou essa idéia. Em um opúsculo muitas vezes traduzido e às vezes reunido ao libelo de Gabriel Naudé, intitulado *Pia e utilissima admonitia de Fratribus Rosae Crucis* (1618), ele declarou que os rosa-cruzes deixaram a Europa para ir para a Índia no começo da Guerra dos Trinta Anos.

No século XVIII, Sincerus Renatus (o pastor Salomon Richter) voltou a falar, por sua vez, dessa filiação e também pretendeu que os Irmãos se haviam retirado na Índia "para lá viver em maior paz".

Waite*, Guénon e alguns outros retomaram essa idéia...

IRENAEUS AGNOSTUS

Pseudônimo de um adversário dos rosa-cruzes conhecido também sob os nomes de Menapius e Florentinus de Valentina.

É certo que ele realmente conhecia Valentin Andrea*.

Jamais atacou a Fraternidade de frente, mas se fez passar por rosa-cruz. Redigia livros em que misturava um ensino espiritual elevado a uma descrição enfática e ridícula dos poderes maravilhosos. Por exemplo, ele descreveu um instrumento empregado pelos rosa-cruzes chamado "cosmolotrenton", a que se atribuía o poder de destruir qualquer edifício.

Usava também uma prática curiosa: escrevia um livro sob um certo pseudônimo e o atacava sob um outro. Por exemplo, a obra de Florentinus de Valentina (um dos seus pseudônimos), intitulada *Rosa Florescens*, travava uma polêmica com o de Menapius, um outro dos seus pseudônimos...

Para Sédir* e Waite*, ele seria na realidade o vice-reitor do ginásio de Frankfurt-sur-le-Main, Gottardus Arthusius.

Mas, para Roland Edhigoffer, o homem que se esconderia por trás desse pseudônimo seria Cristóvão Besold*, o amigo de Valentin Andrea*.

Ele se apóia no fato de que o autor cita muito amiúde Botelo, um jesuíta pouco conhecido que o amigo de Andrea* também mencionava abundantemente nos seus próprios livros...

Ele teria agido dessa forma para tentar desmontar a "ficção rosacruciana" ou pelo menos os seus excessos — isto é, essa fascinação pelos poderes milagrosos — dando-lhe uma caricatura.

IRMÃOS INICIADOS DA ÁSIA (ASIATISCHE BRUDER)

Sociedade secreta oriunda da Rosa-Cruz de Ouro de Salomon Richter.

Chamava-se na origem Ordem dos Cavaleiros e Irmãos da Verdadeira Luz, ou Fratres Lucis, ou ainda Irmãos de São João, o Evangelista.

Foi fundada por volta de 1781 pelo conselheiro da corte do rei da Polônia, o barão Hans Heinrich von Ecker und Eschoffer* (1750-1790), que havia sido excluído da Rosa-Cruz de Ouro*.

Ele havia associado dois membros do movimento messiânico judeu sabatista: o barão Thomas von Shönfeld (1753-1794), um judeu convertido, e o cabalista

Ephraïm Josep Hirschfeld (1755-1820), autor do *Biblisches Organon*.

Portanto, admitiam os judeus, bem como os cristãos, o que, na Alemanha fortemente anti-semita da época, era um pequena revolução.

Mas como para postular era preciso possuir os três graus da *Franco-Maçonaria*, aprendiz, companheiro e mestre, para permitir aos judeus aderirem, foram criadas lojas especiais "de Melquisedeque".

Um antigo monge capuchinho chamado Justus, que havia por muito tempo estudado a Cabala em Jerusalém, estaria na origem dos rituais e da doutrina.

Hirschfeld declarava também possuir escritos cabalísticos análogos aos utilizados por Martinez de Pasqually.

Os Irmãos Iniciados da Ásia eram, portanto, uma sociedade secreta fortemente judaica. Eles recebiam, aliás, sobrenomes hebraicos. Dessa forma, o barão von Ecker und Eschoffer era Abraão, Justus Zaddik Hirschfeld era Marcus ben Binah...

Também ensinavam a medicina espargírica, práticas teúrgicas, a interpretação cabalística da Bíblia, segundo G. Van Rijnbeck, que teve a possibilidade de consultar os arquivos, a doutrina da reencarnação. Contudo, contrariamente ao que afirma Werner Gerson, não era de modo algum uma doutrina budista, mas realmente cabalística. O termo "rotação" que eles usavam para designá-la remete à "rotação das almas" de que fala o cabalista Isaac Luria (*gilgoulim*, do hebraico: *gilgoul*, girar).

A iniciação compreendia quatro graus:

— pesquisador ou sofredor;

— cavaleiro ou iniciado;

— mestre dos sábios;

— sacerdotes reais ou sacerdotes segundo a Ordem de Melquisedeque.

Os Irmãos eram divididos em sete grupos que correspondiam às sete Igrejas do Apocalipse, colocados sob a autoridade do Sinédrio, um comitê composto de sete mestres.

O príncipe Carlos de Hesse Cassel, protetor de Saint-Germain*, afiliou-se a essa sociedade com o nome de Melquisedeque antes de se tornar o seu Grão-Mestre. A sede, que ficava em Viena até 1787, mudou então a sua corte para o Schleswig...

Finalmente, houve um conflito entre o barão von Ecker* e Hirschfeld.

Hirschfeld foi excluído e a Ordem desapareceu aos poucos.

Ver *Hesse Cassel*, Carlos da Luz Nascente**.

Robert Fludd por Mathieu Merian,
in Philosophie Sacra, 1626.

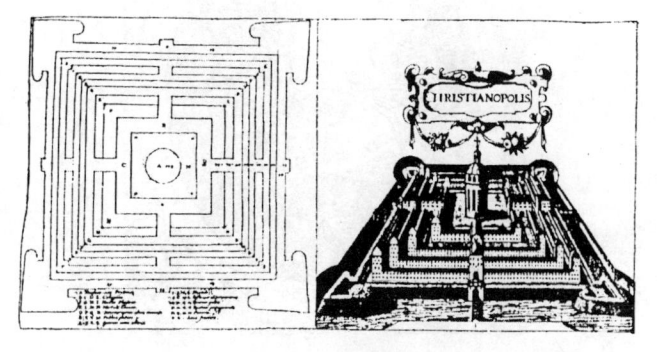

Cristianópolis

Retrato de Johann Valentin ANDREAE

Dicionário dos Rosa-Cruzes

> TRES SCHOLA. TRES COESAR TITVLOS DE-
> DIT: HÆC MIHI RESTANT.
> POSSE BENE IN CHRISTO VIVERE. POSSE MORI
> MICHAEL MAIERVS COMES IMPERIALIS CON-
> SISTORII etc. PHILOSOPH. ET MEDICINARVM
> DOCTOR. P. C.C. NOBIL. EXEMPTVS FOR OLIM
> MEDICVS CÆS. etc.

Michael MAÏER

Einfältige vnd kurtze
Antwort
Vber die außgegangene

FAMA

vnd Confession

Der Christlichen hocherleuchteten Brüderschafft /
Des löblichen Ordens vom
Rosen Creutz.

Einfalt ist der Warheit
Siegel.

Gedruckt im Jahr /

M. DC. XV.

Fama

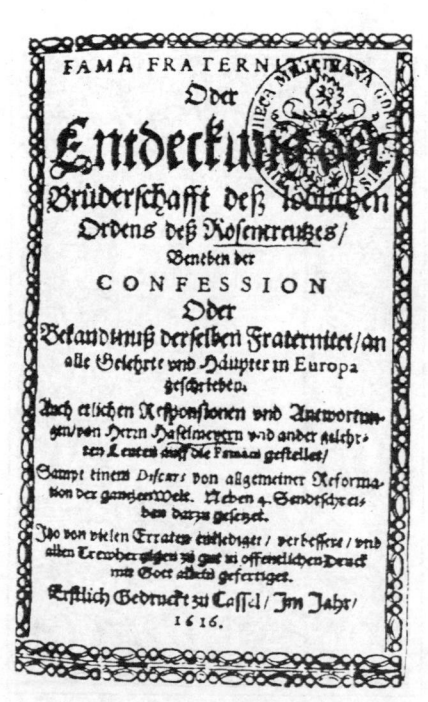

Fama Fraternitatis, Kassel, 1616

Paracelso

Sédir

J

JARRETEIRA (ORDEM DA)
Ver *John Dee**.

JOLLIVET-CASTELLOT
Fez parte da ordem cabalística da Rosa-Cruz*, depois da Sociedade Alquímica da França, que continuava as pesquisas práticas sobre a Grande Obra. Foi dentro dessa sociedade que ele fundou, em 1918, um círculo mais secreto chamado confraria dos Irmãos Iluminados da Rosa-Cruz.

O problema de Jollivet-Castellot era encarnar no mundo o seu ideal espiritualista. Ele militou, portanto, um tempo no partido comunista antes de fundar a União Comunista Espiritualista em 1927.

Segundo Gérard Galtier, ele "talvez represente o único rosa-cruz francês que permaneceu na tradição autêntica da *Fama** e da *Confessio**, por seu interesse pela Alquimia e pela sua consagração à reforma da humanidade".

Publicou uma obra importante que aborda numerosas áreas: *A ciência alquímica* (1904), *Sociologia e fourierismo* (1908), *A medicina espargírica* (1922), *O Comunismo espiritualista* (1925), *A revolução química e a transmutação dos metais* (1925), *Princípios de Economia social não materialista* (1928), *A lei da história* (1933).

Fiel às próprias idéias, combateu durante a vida toda o Fascismo e o Nazismo.

Propunha um Comunismo espiritualista, síntese do individualismo (Anarquia) e do coletivismo (Socialismo), da Sinarquia e de um Comunismo pacifista e libertário.

Morreu em 1937.

KHUNRATH HEINRICH (1560-1605)

Discípulo de Paracelso*. Nasceu em Leipzig. Após estudos na Basiléia, tornou-se médico em Hamburgo e em Dresde. Publicou vários tratados de Alquimia:

— *Confessio von Hyleglischen*, que veio a lume com *Chave da mais alta sabedoria*, escrito por um anônimo (Estrasburgo, 1699);

— *Magnesia catholica philosophorum*;

— *Explicações filosóficas do fogo secreto* (Estrasburgo, 1608);

— *Exortação e aviso àqueles que amam a arte de transmutar os metais*, com o pseudônimo de Ricemus Thracibulus.

Mas a sua obra mais célebre continua sendo *O anfiteatro da sabedoria eterna*, que foi deixada inacabada, mas que o seu amigo Erasmus Wolfart completou e publicou em 1609. Além de ser um texto denso, é composto de grandes pranchas simbólicas com os cruzamentos da Alquimia* e da Cabala. A pedra filosofal é identificada com Cristo.

Johann Arndt*, um dos mestres de Valentin Andrea*, comentou as pranchas que acompanham a obra.

A sua influência sobre as *Bodas químicas*, portanto sobre Valentin Andrea*, foi grande. Por exemplo, a epígrafe das *Bodas*, que opõe os profanos ao pequeno número de eleitos, é a reprodução exata de uma passagem de *O anfiteatro*.

Apesar disso, na sua *Mitologia cristã*, Andrea zomba do estilo enfático do autor.

Nesse livro, o doutor paracelsiano Thrason, um charlatão, vende caixas cujo conteúdo vem descrito na tampa no estilo pretensioso de Khunrath. Dentro das caixas, não há nada. Mas, explica o charlatão àqueles que se queixam, a panacéia contida no interior só é visível aos iniciados...

LAGRÈZE (Georges)

Nasceu em Dijon em 14 de dezembro de 1882. Foi cantor lírico, depois animador de casas de jogos, o que o levou a viajar muito pela França, Inglaterra, Argélia, Egito. Foi, aliás, no Cairo que ele recebeu de Dupré e Sémélas a filiação da Rosa-Cruz do Oriente*. Mas, durante a vida toda, ele acumulou as iniciações, pois era também superior desconhecido do Martinismo, membro da Ordem dos Samaritanos Desconhecidos, Grão-Mestre da Ordem Pitagórica (ou de Hermes Trismegisto), Bispo da Igreja gnóstica, Grão-Professo dos Cavaleiros Beneficentes da Cidade Santa, 33º do Rito Escocês Antigo e Aceito, Grão-Mestre do Rito Swedenborg, Grão-Mestre dos Eleitos Cohen.

Morreu em 27 de abril de 1946 em Angers.

Ver *Rosa-Cruz do Oriente**.

LAPASSE (Charles-Édouard, visconde de)

O visconde Charles-Édouard de Lapasse talvez tenha estado na origem da Rosa-Cruz de Toulouse*.

Nasceu em 2 de janeiro de 1792, em pleno período revolucionário, e a sua família, ativamente procurada, conseguiu sobreviver escondendo-se em um subúrbio de Toulouse.

Fez os seus estudos secundários no liceu de Bordeaux, mas voltou para a sua cidade natal para fazer Direito. Foi por um tempo militar na cavalaria ligeira da guarda real para combater os ingleses. Mas essa não é a sua vocação e, sob a Restauração, ele ocupará diversos postos diplomáticos, primeiro junto a um parente, o marquês de Osmond, embaixador de Luís XVIII em Londres. Depois, após o seu casamento com a senhorita de Lagarde, ele é nomeado embaixador em Berna, na Suíça. Leva uma vida mundana, brilhante, porém a sua esposa morre ao dar à luz a filha Maria. Então, ele atravessa um período difícil e pede transferência.

É nomeado para Nápoles. E é nesse momento que ele começa a se apaixonar pela Medicina alquímica: a Espagiria.

Segundo o seu amigo Firmin Boissin* (Simon Brugal), ele teria encontrado na Sicília um certo príncipe Balbiani, "um velhinho amável e instruído que teria conhecido Cagliostro" e passava por um rosa-cruz. Esse velhinho usava sempre um pedaço de cristal que continha um elixir que lhe teria dado um eremita das cercanias de Palermo. Seria ele quem teria iniciado o visconde nos arcanos do Hermetismo.

Existiu realmente esse adepto desconhecido? É impossível sabê-lo com certeza, mas o conde de Rességnier, que não estava de modo algum a par dos interesses pelo oculto do visconde, assinala uma segunda viagem para a Sicília por volta de 1840. "Partiu doente, voltou curado", precisa. E para Gérard Galtier, esse "príncipe" misterioso seria o contato na origem da Rosa-Cruz de Toulouse*, ainda que Firmin Boissin* pense mais em uma iniciação na Baviera junto a um discípulo do barão Eckartshausen (*Visionários e iluminados*, p. 17).

De qualquer modo, ele volta para a França em 1830 com a Revolução de Julho e põe fim à sua carreira diplomática para protestar contra a chegada de Luís Filipe ao poder. Tem 38 anos.

Vive doravante em Paris, onde participa de diversos jornais monarquistas legitimistas: *A Cotidiana, O Eco francês, A Gazeta da França*. Depois, funda *O Renovador* com o duque de Valmy. Freqüenta também o salão da senhora condessa de Boigne.

É somente em 1842 que ele volta a Toulouse. Então, muda completamente de orientação e começa a estudar Medicina. Depois, na volta da sua segunda viagem à Sicília, ele se consagra à Espagiria. Abre um consultório médico onde cuida gratuitamente dos pobres, chegando até mesmo a lhes dar esmola. Para o povo de Toulouse, ele é "o cientista que cura por nada".

Mas o seu renome se estende também rapidamente por causa da eficácia das suas preparações de "ouro potável". Graças a elas, a sua mãe (que ele fazia tomar todas as manhãs sete gotas do seu elixir) morreu centenária...

Em 1865, foi eleito para o conselho municipal, no qual ficou pouco tempo. Em 1867, tornou-se mantenedor da Academia dos Jogos Florais, colocada sob o patronato da mítica Clémence Isaure e que organizava concursos de poesia provençal.

Publicou certo número de obras de Espagiria que descreviam receitas de remédios alquímicos: *Considerações sobre a duração da vida humana e os meios de prolongá-la* (1845), *Higiene e longevidade* (1861), *Higiene e terapêutica dos pobres* (1862), *Ensaio sobre a conservação da vida* (1860).

Desde a juventude, ele escrevia também textos mais literários e deixou muitos manuscritos inéditos: poesias, romances, relatos de viagem, estudos filosóficos...

Ver *Rosa-Cruz de Toulouse**, *Boissin (Firmin)**, *Péladan (Joséphin)**.

LEÃO DO SETENTRIÃO

Profecia do século XVI, falsamente atribuída a Paracelso. Previa a vinda de um leão amarelo que destruiria a águia "papista" e instauraria uma era de felicidade na Europa, na África e na Ásia.

Muitos identificavam os rosa-cruzes com esse leão...

O tema do leão está presente, ademais, na *Fama**, em que é dito que os tesouros da Fraternidade serão revelados quando o leão chegar.

O leão aparece também nas visões que o pastor protestante Christophe Kotter teve de 1616 a 1624. Foram traduzidas sob a forma de pranchas e Comenius* fala delas abundantemente no seu livro *Lux in tenebris*. Sobre uma delas, há um leão, de espada na mão, em frente de uma serpente. Em seguida, é visto triunfante, com a cabeça radiante. Em outras visões, aparece um leão com quatro cabeças ou um leão ereto sobre uma lua.

Ver *Fama**, *Hasselmeyer (Adam)**.

LECTORIUM ROSICRUCIANUM OU ROSA-CRUZ DE OURO DE HAARLEM

Apesar do nome, essa Ordem holandesa não tem nenhuma relação com a Rosa-Cruz de Ouro* alemã do século XVIII, já que é oriunda da Rosicrucian Fellowship* de Max Heindel*.

Alunos do grupo holandês (que se chamava Associação holandesa da Rosa-Cruz) fizeram secessão em 1919 e essa nova Fraternidade adotou a princípio o nome de Aquarius Bond, depois Ordem dos Maniqueístas. Era dirigida por Jan Van Rijckenborg (pseudônimo de Jan Leene, chamado de John Twine [1896-1968]), secundado pelo irmão. Quando morreu, H. Stock-Huyser (chamado Catharose de Petri) assumiu a direção do Lectorium rosicrucianum.

Após a Segunda Grande Guerra, espalhou-se por toda a Europa (particularmente na Alemanha do Norte), nos Estados Unidos, na América do Sul e na Austrália.

A sua sede fica em Haarlem, na Holanda, mas é também proprietária de grutas em Ussat-les-Bains, em Ariège (onde ocorriam algumas iniciações), e do hotel Regina em Caux, perto de Montreux.

Além disso, dois restaurantes vegetarianos parisienses bastante conhecidos (Aquarius) são mantidos por membros da Lectorium.

Nos anos de 1950, Jan Van Rijckenborg estabeleceu estreitos contatos com um velho professor de Tarascon-sur-Ariège, Antonin Gadal (1877-1962), que foi (com Maurice Magre, René Nelli e Francis Rolt-Wheeler) um dos fundadores dos Amigos do Monte Seguro e do Santo Graal, do Sabarthez e da Ocitânia.

Teria sido o depositário de uma filiação cátara que, por sua vez, teria transmitido a Rijckenborg e Catharose de Petri.

Aliás, toda a doutrina exposta nas obras do fundador da Lectorium é muito marcada pela gnose maniqueísta. Como os bogomilos e os cátaros, ele opõe o Deus do Novo Testamento ao do Antigo, que seria apenas o demiurgo criador deste mundo de sofrimentos.

Na origem, os seres humanos viviam em perfeita harmonia, mas uma parte deles se rebelou e caiu do mundo da luz para este mundo decaído, submetido à "ordem dialética" que é a nossa. Mas esse Universo apresenta, por sua vez, um duplo aspecto, material e sutil, chamado a "esfera refletora".

Entretanto, alguns homens ficaram nessa pátria original, essa "Terra Santa", essa "Ilha de Ísis", que se situaria no deserto de Gobi, invisível aos olhos de carne, porque situada em um plano mais sutil.

Tudo consistiria, portanto, em reintegrá-la pelo caminho iniciático proposto pela escola. É um processo lento e difícil em que o discípulo deve cortar todos os laços que o retêm nesta "terra de exílio", dissolver a "natureza dialética" para escapar da roda dos nascimentos e das mortes. Mas é só assim que ele poderá reencontrar a sua "morada" original.

No entanto, alguns habitantes da esfera refletora (o astral dos ocultistas) formam uma hierarquia dialética muito organizada que impede essa libertação por todos os meios. Eles teriam notadamente suscitado a invenção da televisão com a intenção de desviar o homem do seu desejo de luz. A Igreja católica e o clero tibetano estariam na chefia dessa hierarquia da esfera refletora e desempenhariam um papel muito importante nesse conflito entre as forças da luz e as das trevas, o que explicaria a hostilidade dos cátaros para com a Igreja de Roma.

Mas logo virá uma grande guerra que encerrará a existência deste mundo. Será a batalha do Apocalipse. Em um primeiro tempo, os habitantes da esfera refletora tomarão a direção das Igrejas, dos Estados e dominarão o mundo. Mas o Logos, o "pai das luzes", intervirá e as suas radiações virão salvar aqueles que estiverem fora do alcance da ação da "hierarquia das trevas": eles poderão, dessa forma, reintegrar a "terra dos vivos", o "reino dos céus".

***

Rijckenborg traduziu e comentou abundantemente a *Fama**, a *Confessio** e as *Bodas químicas**, mas essa vontade de escapar de uma humanidade caída, essa recusa de melhorar um mundo julgado globalmente absurdo, está muito mais próxima da visão maniqueísta dos cátaros do que da visão da Rosa-Cruz original. Valentin Andrea* e amigos queriam justamente reformar a sua época. Eles se interessavam por todos os meios de melhorar a sociedade. Quase todos se apaixonaram pela ciência nascente. Comenius*, por exemplo, é o pai da Pedagogia moderna. Robert Fludd*, o inventor do barômetro; Valentin Andrea* criou sociedades de ações humanitárias e escreveu a sua *Cristianópolis**, que dá a sua visão de um mundo "terrestre" ideal, etc.

LEIBNIZ (Gottfried Wilhelm)

O grande filósofo e matemático alemão era um espírito enciclopédico que se interessou por todas as formas do conhecimento. Ele se apaixonou pela Rosa-Cruz a ponto de decifrar o enigma proposto pela mulher sob forma de equação em as *Bodas químicas*.

A sua correspondência com Lochiansky prova que ele tentou sem sucesso entrar em contato com os rosa-cruzes. Em compensação, foi o secretário de uma sociedade alquímica de Nuremberg, a Fruchttragende Gesselhshaft, por volta de 1667. Durante todo esse período, ele anotou as atas de experiências de Espagiria. Mas, contrariamente ao que acreditaram Lennuig, o professor Wundt, René Guénon e alguns outros, ele nunca fez parte da *Rosa-Cruz de Ouro**, ainda que partilhasse de muitas das suas idéias.

LEVI (Eliphas)

Pseudônimo de Alphonse-Charles Constant.

Foi sem dúvida alguma a personagem-chave do Ocultismo do século XIX. Marcou tanto Stanislas Guaita* e Papus** quanto Kenneth Mac Kenzie* ou Robert Wentworth Little, o fundador da SRIA.

Portanto, teve influência direta ou indireta sobre inúmeros movimentos de inspiração rosacruciana. Porém, a sua vida foi agitada, caótica, dividida entre a Igreja católica com a qual ele nunca rompeu de verdade, a sua sede de justiça social que o conduziu à luta pelo Socialismo e a sua paixão pela Cabala: três pólos contraditórios em torno dos quais gravitou a sua existência.

***

Nasceu em Paris em 8 de fevereiro de 1810. O seu pai era um pobre cordoeiro, que morreu quando ele ainda era jovem, e a sua mãe, Jeanne Agnès Beaucourt, uma mulher piedosa e inteligente. Em 1825, ele entrou para o seminário Saint-Nicolas-du-Chardonnet, depois para o grande seminário de Issy, mantido pelos sulpicianos. Ensinava o catecismo, mas ficou loucamente apaixonado

---

* Sugerimos a leitura de *Dogma e Ritual de Alta Magia* e *A Chave dos Grandes Mistérios*, de Eliphas Levi, Madras Editora.
** Sugerimos a leitura de *A Franco-Maçonaria e Martinismo* e *O Ocultismo*, de Papus, Madras Editora.

por uma moça, Adèle Allenbash, que a sua mãe lhe havia confiado. Apesar de tudo, foi ordenado diácono em 19 de dezembro de 1835, mas nunca foi padre.

Passou, então, por um período de provações, marcado pelo suicídio da sua mãe. Depois, descobriu as lutas sociais e se tornou amigo e confidente da militante socialista Flora Tristan. Para viver, ele desenhava retratos de mulheres célebres para a revista *As Belas Mulheres de Paris*, fundada pelo seu amigo Esquiros. Mas a sua vocação religiosa jamais o havia abandonado e ele foi viver na abadia de Solesmes. Pensava em terminar os seus dias com os beneditinos, com os quais havia descoberto os escritos da senhora Guyon, mas, depois de um conflito com o padre abade, ele teve de sair.

De volta à vida "civil", foi aliciado como supervisor de ensino no colégio de Juilly. O ambiente era execrável, mas foi lá que ele compôs a *Bíblia da liberdade*.

O livro foi publicado em 1841 e logo recolhido, a pedido do procurador do rei. Eliphas Levi foi detido, aprisionado, julgado e condenado a oito meses de prisão. Encerrado no quartel dos políticos, foi lá que ele descobriu os escritos de Swedenborg, o visionário sueco.

Quando saiu da cadeia, tornou-se pintor e decorou a igreja de Choisy. Depois, reconciliou-se um tempo com a Igreja e foi pregar em Évreux sob o nome de abade Baucourt. Porém, foi descoberto. Caluniado pelos padres das dioceses vizinhas, teve de deixar de novo o sacerdócio.

Apesar desses acontecimentos, ele continuou a estudar. Apaixonava-se ao mesmo tempo por Guilherme Postel, Raymond Lulle, Henrique Cornélio Agrippa* e por todos os projetos de reforma social. Para viver, ilustrava livros e compunha canções.

Foi então que uma moça de 18 anos, Noémie Cadiot, apaixonou-se por ele. Fugiu da casa dos pais para juntar-se a ele, que foi obrigado a desposá-la em 13 de julho de 1846. Eles viveram na máxima pobreza. Na seqüência da publicação de *A voz da fome*, ele foi de novo condenado a um ano de prisão e mil francos de multa.

Quando foi solto, entusiasmou-se com a revolução de 1848. Chegou a criar duas canções revolucionárias e participou do clube da Montanha.

No fim de 1848, viveu com a mulher um período de felicidade. Lia muito. Estudava Jakob Böhme, Louis-Claude de Saint-Martin**, Fabre d'Olivet. *A Kabbalah Revelada****, de Knorr von Rosenroth, tornou-se o seu livro de cabeceira. Foi também nesse período que ele encontrou o seu primeiro mestre, o polonês Hoene Wronski.

** N. E.: De Fabre d'Olivet, sugerimos a leitura de *A Verdadeira Maçonaria e a Cultura Celeste* e *Música Apresentada como Ciência e Arte*, ambos da Madras Editora.

*** N. E.: *A Kabbalah Revelada*, Knorr von Rosenroth, Madras Editora.

Mas a sua mulher, que o enganava com o marquês de Montferrier, fugiu e ele se viu só.

Então, foi para Londres, onde encontrou *sir Edward Bulwer Lytton*, o autor de *Zanoni*, que se tornou seu amigo. Foi lá que ele fez a sua primeira evocação mágica do espírito de Appolonius de Thyana, em julho de 1854. Ele conta a sessão em detalhes no seu *Dogma e Ritual da Alta Magia*.

No seu retorno a Paris, retomou as suas atividades de pintor para as carmelitas da rua d´Enfer. Mas, ao mesmo tempo, escrevia muitos artigos sobre a Cabala e a sua reputação começou a se expandir. Foi nessa época, de 1853 a 1861, que ele redigiu as suas obras maiores: o *Dogma e Ritual da Alta Magia* e a *Chave dos Grandes Mistérios*.* Foi um período calmo e sereno durante o qual numerosos discípulos iam vê-lo.

Ele fazia, aliás, cada vez mais figura de mestre e, segundo todos os testemunhos da época, radiava a paz e a alegria. Curava às vezes impondo as mãos.

Ainda pobre, vivia exclusivamente de aulas de Cabala.

Mas, a partir de 1869, a sua saúde ficou precária. A sua doença do coração piorou. Em 1875, a gangrena

---

* N. E.: Essas duas obras de Eliphas Levi foram lançadas no Brasil pela Madras Editora.

declarou-se e ele morreu em 31 de maio, após uma longa conversa com o padre Lejeune.

***

Como os primeiros autores rosacrucianos, Eliphas Levi apega-se à grande corrente da Cabala cristã, uma linhagem que compreende os seus autores prediletos: Guilherme Postel, Knorr von Rosenroth e alguns outros. Mas há também vislumbres muito originais na sua obra, notadamente sobre o tarô, que ele considerava "o alfabeto dos rosa-cruzes". Ele repetia amiúde que, só em uma prisão, sem livros, um tarô ter-lhe-ia bastado para substituir uma biblioteca.

Pode-se imaginar que influências mais secretas desempenharam certo papel na sua formação. Uma tradição oculta conta que ele teria consultado um livro escondido, em alguma parte na Europa, por Christian Rosenkreutz*. O que indica talvez uma filiação rosacruciana, pois é muitíssimo possível que o seu amigo Bulwer Lytton* lhe tenha transmitido a iniciação dos Fratres Lucis, de que ele próprio provavelmente era o depositário.

Ver *Carlos da Luz Nascente**.

LEWIS (Spencer), 1833-1939

Fundador da AMORC*.

Nasceu em 25 de dezembro de 1883 em Frenchtown, New Jersey, mas passou uma parte da juventude em Nova York. A sua mãe era professora e o pai, calígrafo.

Ele recebeu uma educação protestante e se afiliou a uma Igreja metodista à qual permaneceu sempre fiel. Aos 20 anos, trabalhava como jornalista no *Evening Herald*, em que se ocupava da parte artística. Depois, foi fotógrafo e ilustrador antes de descobrir a sua veia na publicitária.

Segundo o testemunho do filho, ele possuía múltiplos dons para o desenho, a pintura, a música, e se apaixonou bem cedo por línguas como o esperanto e o ido. Paralelamente, começou a estudar Ocultismo. Com a ajuda do *Evening Herald*, tornou-se em 1904 um dos fundadores e o presidente do New York Institute for Psychical Research. Foi também nesse momento que nasceu o seu interesse pelo movimento rosacruciano, primeiro por meio de uma comunidade de pietistas alemães instalados na Pensilvânia (em Germantown) desde 1694.

Tal comunidade fora fundada por um certo Johannes Kelpius (1673-1708), que teria herdado um antigo manuscrito rosacruciano e o teria usado como base de uma regra de vida. Esse manuscrito na verdade estava em uma versão dos *Símbolos secretos dos rosa-cruzes dos séculos XVI e XVII* (1786-1788), como mostrou Julius Friedrich Sachse em *The German Pietists of Pensylvania* (1895).

Ocorre que Spencer Lewis pensava que descendia dessa comunidade que havia desaparecido desde 1801 por um dos seus parentes, e ele se sentiu chamado a fazer reviver o movimento rosacruciano.

Portanto, criou, dentro do instituto que ele presidia, a Rosicrucian Research Society e, ainda em 1909, ele teria entrado em contato com o redator-chefe de um jornal parisiense para interrogá-lo sobre possíveis sobrevivências rosacrucianas na França. Foi-lhe respondido com o endereço de um professor de línguas que vendia gravuras e fotografias no bulevar Saint-Germain.

Na seqüência dessa troca de cartas, ele embarcou com o pai a bordo do *América*.

O professor de línguas enviou-o a Montpellier e, de lá, ele foi para Toulouse.

Foi no torreão do Capitólio que ele teria encontrado o secretário dos rosa-cruzes (aliás, arquivista da cidade), trajado com um vestido branco bordado de símbolos, apressado no meio dos arquivos da Ordem em um cômodo repleto de livros. Ele lhe disse que havia sido eleito após um exame do seu tema astrológico. Deu-lhe uma carta de recomendação e lhe mostrou documentos antigüíssimos.

De lá, foi para um templo rosacruciano situado perto das ruínas da antiga Tolosa, onde teria recebido uma importante iniciação que o integrava à Ordem. Depois, teria assistido, em um mosteiro rosacruciano às margens da Garonne, ao "conclave dos illuminatis". E ele cita alguns nomes: o de Bellcastle-Ligné, o Secretário, e de Verdier, o Grão-Comendador...

***

Muitos se interrogaram sobre essa "iniciação". Pesquisas foram feitas para tentar encontrar traços desses misteriosos rosa-cruzes. Serge Caillet soube o nome do arquivista da época, um certo François Galabert. Mas a seqüência da sua investigação lhe deu a prova de que ele não se interessava nem um pouco pelo Esoterismo, que preferia mais a blusa cinza ao vestido branco e que não teria podido, de modo algum, conservar arquivos rosacrucianos privados ao lado dos arquivos públicos da cidade.

Paralelamente, todos os nomes dados se revelaram falsas pistas. Nem Verdier nem Bellcastle correspondiam a personagens que tivessem existido. E muitas incoerências foram reveladas nesse relato.

Segundo toda verossimilhança, essa "iniciação" foi, portanto, puramente imaginária...

Então, impõe-se a pergunta: quais foram as fontes reais do fundador da AMORC*? As bases doutrinais e rituais sobre as quais ele se apoiou?

Para responder a essa pergunta, podemos primeiro observar que os nove primeiros graus da AMORC* são semelhantes aos da Golden Dawn*, da Rosa-Cruz universitária*, da SRIA*, etc. E Gérard Galtier desenvolve a hipótese interessante de uma influência dessa última organização. Pois *Spencer Lewis* conhecia realmente o trabalho de Sylvester Clark Gould, o dirigente da *SRIA* * norte-americana, já que fala dele na sua *História* *da Ordem da Rosa-Cruz*. Chega a mencionar que "empreendeu um trabalho de pesquisa para encontrar os rituais de origem da Fraternidade". De fato, Gould tinha a intenção de ir à Europa em 1909 em busca desses ensinos que lhe faltavam. Porém, morreu em 19 de julho. Ocorre que foi precisamente em 24 de julho que Lewis saiu dos Estados Unidos para ir à França, como que para realizar o projeto de Gould.

Mas isso não passa, evidentemente, de uma hipótese...

Em compensação, é certo que ele se correspondeu com Theodor Reuss, o dirigente da Ordo Templi Orientis, e que recebeu dele uma carta provando que fora admitido ao sétimo grau da Ordem. Tornou-se, aliás, o representante da *OTO* nos Estados Unidos.

***

De qualquer modo, a *AMORC* foi fundada em 1915 em Nova York com a bênção de uma certa senhora May-Banks-Stacey, admitida como representante do Grão-Mestre rosa-cruz do ramo indiano...

Foi na seqüência dessa criação que ele efetuou uma transmutação do zinco em ouro na presença de um jornalista do *New York World*. Essa operação foi contestada. E parece difícil ainda hoje saber a verdade. Mas é preciso lembrar-se de que Jollivet-Castellot* (com o qual Lewis manteve relações nos anos de 1930) produzia fenômenos semelhantes, que ele chamava de "arquímicos" para distingui-los dos que pertencem à Alquimia propriamente dita.

A seguir, ele fez outras viagens. Em 1926, retornou à França e à Suíça com a sua segunda esposa Martha. Lá, também, teria participado de um conclave rosacruciano em Toulouse, ao qual assistiam delegados do Egito, da Índia, da África, da América e do colégio dos Mestres do Tibete...

Em 1929, ele foi novamente com alguns membros da *AMORC* para o Egito. Em Louxor, teria recebido uma nova iniciação e é certo que esse país o impressionou vivamente, já que ele atribuiu na seqüência o nascimento da ordem ao faraó Tutmósis III. Depois, o grupo visitou a França, a Suíça, a Alemanha, a Inglaterra.

Por volta de 1930, ele se associou a Heinrich Tränker (1880-1956), um amigo de Aleister Crowley que tinha tomado uma sucessão contestada na chefia da *OTO*. Mas essa colaboração não durou.

Em 1933, enfim, ele entrou em contato com a Rosa-Cruz belga, notadamente com Jean Mallinger*. Desses encontros ia nascer a FUDOSI*, uma organização que queria confederar todos os grupos iniciáticos. Apesar das fortíssimas reservas de numerosos membros, Spencer Lewis será um dos seus três Imperators, com Victor Blanchard e Émile Dantinne. Foi nessa ocasião que ele conheceu este último, ou melhor, Sâr Hiéronynaud*, que lhe causou uma profunda impressão.

Quando Spencer Lewis morreu, em 2 de agosto de 1939, Jean Mallinger* escreveu o que pensava a maioria dos membros da FUDOSI*: "Apesar dos erros cometidos por Sâr Alden (Spencer Lewis), guardo uma boa lembrança dele, pois nos soube compreender e reconhecer a superioridade do nosso mestre, *Sâr Hiéronymus* ou Émile Dantinne".

Pois Émile Dantinne foi provavelmente o único autêntico mestre rosacruciano que ele conheceu...

Ver *AMORC*, FUDOSI*, Sâr Hiéronymus**.

Liber M.

É o livro que contém todo o conhecimento.

Na *Fama**, Christian Rosenkreutz* traduziu-o do árabe para o latim.

Mas na *Confessio,* para lê-lo, é preciso conhecer os "caracteres" que Deus imprimiu no Universo, ou seja, essa misteriosa escrita adâmica ou enochiana.

É, portanto, o "livro mudo da natureza"...

Segundo a *Fama**, Paracelso* estudou-o e dele tirou o essencial dos seus conhecimentos.

Ver *Fama**.

LITTLE (Robert Wentworth)

Ver *SRIA**.

LIVRO T.

Segundo a *Fama**, ele estava na tumba de Christian Rosenkreutz, entre as suas mãos. Seria o livro mais precioso da Fraternidade depois da Bíblia.

No seu estudo sobre a Golden Dawn*, Terestchenko identifica-o ao livro de Thoth, isto é, ao Tarô.

LUTERO (Martinho), 1483-1546**

Iniciador da reforma protestante.

Nasceu em 1483 em Eisleben, no Saxe.

Estudou em Magdeburgo, depois em Eisenach, antes de entrar na Universidade de Erfurt. Mas, na seqüência de um voto, ele entrou para o convento dos agostinhos de Erfurt, apesar da hostilidade do seu pai.

Foi um monge piedoso, estudioso, mas era também atormentado pelo problema da Salvação.

Depois de uma inspiração, ele foi levado a elaborar uma doutrina nova. O homem, irremediavelmente pecador, é incapaz de fazer o bem. Obedece sempre ao próprio interesse, ao próprio orgulho. Só Deus pode perdoar gratuitamente, sem contrapartida, pela meditação de Cristo. Só a fé é, portanto, necessária...

** N. E.: Sugerimos a leitura de *Filosofia de Erasmo de Roterdá* de John Patrick Dolan, Madras Editora.

Mas, nesse período da sua vida, Lutero não pensava de modo algum em romper com a Igreja. Ao contrário, ele era vigário-geral da sua Ordem para o distrito de Wittemberg. Pregava, escrevia, estudava.

No entanto, em 1514, o arcebispo Alberto de Brandeburgo tomou emprestada uma soma importante de poderosos banqueiros, os Fugger — uma soma que lhe era necessária para alcançar a sede arcebispal de Morgúncia. Para reembolsar, ele confiou ao dominicano Tetzel o cuidado de trocar a "remissão dos pecados", "a saída das almas do purgatório", etc., pelo dinheiro. São as indulgências uma prática corrente na época.

Lutero indignou-se e culpou o papa, que havia permitido semelhante "comércio".

Nem o conclave dos agostinhos nem o cardeal Cajetan obtiveram a retratação de Lutero. Por isso, a bula pontifícia "Ex surge domine" condenou 41 das suas proposições e lhe ordenou submeter-se em 60 dias.

Lutero queimou a bula e vários volumes de Direito canônico.

Posto no banco do Império, foi protegido e escondido por Frederico de Saxe. E foi lá, no seu castelo, que ele elaborou a sua doutrina e previu um vasto programa de reformas, ao mesmo tempo em que traduzia o Novo Testamento para o alemão.

As suas obras tiveram sucesso imediato na Alemanha e predicadores espalharam as suas idéias pelo povo.

O protestantismo havia nascido...

***

A lenda diz que ele recebeu a visita de um misterioso rosa-cruz no castelo de Wartburgo. Ele lhe teria dado a missão de levar o Cristianismo de volta para a via da pureza crística...

É verdade que as suas armas são brasonadas de um coração perfurado por uma cruz em uma rosa e que a sua divisa era: "O coração de Cristo vem sobre as rosas quando a cruz está no meio e debaixo"... Mas foram provavelmente elas que conduziram Jacob Andrea (o avô de Valentin Andrea*) a também escolher essa aliança da rosa com a cruz que tanto seduzirá o seu neto, e não misteriosos rosa-cruzes que teriam convidado Lutero a adotar o seu próprio emblema...

Mas resta que o movimento rosacruciano se desenvolveu essencialmente em terra protestante e retomou muitas idéias da Reforma: rejeição do papismo, luta contra a corrupção da Igreja, etc.

O nome de Lutero volta sem parar nos escritos de Valentin Andrea* e ele lhe dedica uma profunda admiração ("A inspiração divina se alia, nele, à maior humil-

dade, diz). De fato, é em nome de Lutero que ele critica a sociedade do seu tempo, que não soube encarnar as suas idéias de reforma...
Ver *Valentin Andrea**, *Rosa-Cruz (a)**.

MAC KENZIE (Kenneth R. H.), 1833-1886

Foi um membro importante da SRIA. Ficara muitíssimo impressionado com o seu encontro com Eliphas Levi* em Paris, em 1861. Com o amigo Little (o fundador de SRIA*), ele se apaixonou pelos escritos do ocultista francês e pelo tarô.

Dizia-se detentor de uma iniciação rosacruciana que ele teria adquirido na Alemanha quando era preceptor do conde Apponyi. Mas também tinha viajado muito pelo Egito e fundou em 1876 a Ordem de Ismael, uma Maçonaria árabe.

Fez parte dos Teósofos Iluminados, um rito Swedenborg, do Sat B´hai e de outras ordens iniciáticas.

É o autor da *Royal Masonic Cyclopaedia*, que foi publicada entre 1875 e 1877 e teve um imenso sucesso.
Ver *SRIA**.

MADATANUS

Pseudônimo de Adrian Mynsicht. Segundo Sédir*, seria um dos maiores escritores rosacrucianos.

Foi o médico do duque Frederico de Mecklemburgo. Intitulava-se Irmão da Rosa-Cruz de Ouro* e "trabalho para unir a obra de Böhme à dos hermetistas". A sua obra principal é *O século de ouro restituído, isto é, a antiga idade de ouro revolvida, agora de novo florescida...* publicada em 1621.

Segundo Madatanus, o discípulo deve ser puro, piedoso, humilde, desprezar o dinheiro, venerar os altos estudos, dar por vontade própria esmolas, ter poucas relações com o mundo.

Afirma que "a jóia simbólica da Rosa-Cruz é uma rosa sobre a qual se destaca uma cruz ornada de 13 jóias" (cf. Sédir*, p. 88).

Em *A verdadeira Alquimia dos rosa-cruzes*, ele põe as bases da sabedoria rosacruciana: "A vontade própria oposta à vontade divina deve deixar de existir para que a vontade divina possa invadir o coração" (*id.* p. 141), e: "Não é no santuário mais íntimo da alma que se revelará o mistério do Espírito" (*id.* p. 147).

Ele resume também, em uma belíssima frase, o caráter central de Cristo nos autores rosacrucianos dessa época: "Toda sabedoria está contida em um único livro, toda virtude em uma só pedra, toda beleza em uma só flor, toda riqueza em um só tesouro, e toda beatitude em um só bem, que são Jesus Cristo, o alfa e o ômega, crucificado e ressuscitado, fonte, árvore, luz e livro de vida" (*id.* p. 111).

MAÏER (Michael), 1568-1622

Ele esteve estreitamente ligado à difusão do pensamento rosacruciano. Alquimista, obteve o diploma de doutor em Medicina com a idade de 28 anos na Basiléia, e o de doutor em Teologia em Rostock. Foi, primeiro, o médico particular do imperador Rodolfo II "que lhe deu o título de conde Paladino e de conselheiro imperial" (Sédir*). Em 1612, quando o imperador morreu, ele se refugiou na Inglaterra, onde encontrou provavelmente Robert Fludd*. Foi nessa época que veio a lume a sua primeira obra, *Arcana arcanassimum* (o segredo dos segredos), uma interpretação dos mitos gregos e egípcios que serviu a Dom Pernety nas suas *Fábulas egípcias e gregas desveladas*.

Em 1619, tornou-se o médico do landegrave Maurício de Hesse Cassel. Depois, exerceu a profissão em Magdeburgo, onde morreu em 1622.

Publicou 17 livros, porém o mais célebre continua sendo o *Atlanta fugiens*, vindo a lume em Oppenheim, em 1617. É uma seqüência de 50 gravuras que revelam as operações alquímicas.

No *Silencium post clamores*, publicado em Frankfurt no mesmo ano de 1617, ele elogia os rosa-cruzes por terem respondido com o silêncio aos múltiplos ataques de que eram o objeto.

Afirma que a doutrina dos rosa-cruzes é oriunda dos antigos templos egípcios, do colégio dos brâmanes hindus, dos mistérios de Elêusis e de Samotrácia, dos magos da Pérsia, dos pitagóricos e dos árabes. Acrescenta que os verdadeiros rosa-cruzes estão fora do espaço e do tempo, lêem diretamente o coração mais íntimo dos seres e, portanto, que não há de modo algum necessidade de querer afilar-se. Eles sabem onde estão os "eleitos". Mas, dentre mil candidatos, a Fraternidade escolhe apenas um.

Na sua *Themis aurea*, publicada em 1618, ele diz que Christian Rosenkreutz* teria sido contemporâneo de Alberto, o Grande, de Arnaud de Villeneuve, de Raymond Lulle. Ele indica 1413 como o ano da fundação da Ordem.

E em 1612, ou seja, dois anos antes da publicação da *Fama**, ele envia ao rei Jaime I uma curiosa carta de votos em forma de rosa, que existe ainda e que termina por estas palavras: "Pela vossa proteção possa a rosa ser sempre alegre...".

Ver *Origem da Rosa-Cruz**.

MALLINGER (Jean, Sâr Elgim)

Advogado. Foi um dos principais discípulos de Sâr Hiéronymus (Émile Dantinne), que ele conheceu quando era estudante na Universidade Católica de Louvain. Foi secretário da Rosa-Cruz universitária e, mais tarde, dirigiu a Ordem de Hermes Trismegisto, que praticava a teurgia e ministrava um ensino inspirado nos escritos de Jerônimo Carcopino. Mas, contrariamente ao seu mestre (Sâr Hiéronymus*), ele era profundamente anticristão e antimartinista. Publicou duas obras sobre Pitágoras: *Os segredos esotéricos dos pitagóricos* (1946) e *Pitágoras e os mistérios* (1944).

Ver *Rosa-Cruz universitária**, *Sâr Hiéronymus**, *FUDOSI**.

MARTINEZ DE PASQUALLY (Joaquim)

Pesquisas históricas mostraram que ele era possivelmente originário de Alicante, na Espanha. Ele próprio com certeza nasceu por volta de 1710 nas cercanias de Grenoble. Era de religião católica (casou-se na Igreja e batizou os filhos), mas, apesar dos desmentidos do seu discípulo Willermoz*, era provavelmente um judeu marrano, isto é, um judeu convertido ao Catolicismo sob pressão da Inquisição, mas que praticava em segredo a sua antiga religião.

O pai transmitiu-lhe uma filiação maçônica que provinha diretamente da família Stuart e dos conhecimentos cabalísticos. Ele teria tido, além disso, acesso a alguns manuscritos secretos. E foram essa filiação e esses documentos que lhe serviram na seqüência para criar os seus próprios rituais e doutrinas.

A partir do ano de 1754, ele percorreu o sul da França: Montpellier, Avignon, Narbonne, Foix, Toulouse, antes de se estabelecer em Bordeaux em 1762, onde se casou. Por toda parte, fez prosélitos. A sua influência foi imensa no meio maçônico, comparável à de Cagliostro* ou de Saint-Germain*.

Transformou os ritos da loja francesa e criou os Cavaleiros Maçons Eleitos Cohen.

Em 1765, durante uma viagem por Paris, ele tomou contato com o meio maçônico parisiense: barão de la Chevallerie, Lusignan, Grainville, Willermoz*, que o iniciou no Rito Cohen.

Partiu em 1772 para São Domingos, onde tinha primos ricos suscetíveis de resolver os seus problemas financeiros. Lá, continuou a sua obra-mestra *O tratado da reintegração dos seres*, que nunca terminou. Morreu em Porto Príncipe em 20 de setembro de 1774, designando Caignet de Lestère para sucedê-lo. Os arquivos da Ordem retornaram, finalmente em 1780, aos Filaletos.

***

Os diferentes graus "Eleitos Cohen" eram no começo parecidos com os da Franco-Maçonaria escocesa: aprendiz, companheiro, mestre. Porém, Martinez acrescentou os "graus do Pórtico": aprendiz eleito Cohen, companheiro eleito Cohen, mestres eleitos Cohen; depois os "graus do Templo": grande arquiteto, grande eleito de Zorobabel. Enfim, o grau realista-cruz, em princípio conferido não por homens, mas por anjos. Pois o essencial dos rituais Eleitos Cohen eram rituais de invocação teúrgica. O praticante punha um vestido branco, velava, jejuava, traçava a giz no solo as figuras que lhe haviam ensinado, acendia as velas, recitava invocações até a aurora para ter a revelação da "coisa". Se esta respondesse ao chamado, ele percebia lumes coloridos, centelhas, sons misteriosos. Todos esses fenômenos, chamados "passes", deviam ser cuidadosamente interpretados para saber se provinham realmente de espíritos benéficos. Se fosse esse o caso, o discípulo então se tornava realista-cruz. Tinha poderes de cura e de clarividência e, após a morte, estava prometido à "visão beatífica".

***

O *tratado da reintegração dos seres*, que é o fundamento doutrinal desses rituais de Teurgia, é um comentário cabalístico dos primeiros livros da Bíblia. Segundo esse texto, uma dupla queda se teria produzido na origem dos tempos. A princípio, a de uma primeira classe de seres criados por Deus, que se rebelou tentando tornar-se igualmente criadora. São os espíritos das trevas. Depois, o homem repetiu também o pecado dos anjos e se tornou mortal. Mas se arrependeu e Deus lhe deu um "método" para encontrar a sua glória original: a dos "eleitos Cohen". Tal seria a origem dos rituais ensinados por Martinez. E os justos, de Abel a Jesus Cristo, passando por Moisés e Salomão, seriam os representantes dessa linhagem dos seres "reintegrados"...

MASSÊNIA

Em um livro intitulado *O tempo fora do tempo*, uma vidente contemporânea, Gabrielle Carmi, conta como a sua casa de Hermé, perto de Provins, era a sede de uma sociedade secreta, a Massênia, composta ao mesmo tempo de cristãos de origem templária, de teutônicos e de judeus cabalistas. Ela teria encontrado traços históricos dessa Fraternidade notadamente nos arquivos de Amsterdã, onde o teólogo protestante Semler* a mencionaria com o nome de "Casa do dever estrangeiro e liberdade". Ele teria encontrado provas da sua presença em 1484 no Schleswig. Composta de cristãos e judeus, ela dataria de 1286-1293 e seria de origem francesa. Seria a fonte original da Rosa-Cruz. Os seus centros importantes teriam sido *Fez* e o Egito...

Vários fatos são interessantes.

Para começar, o Schleswig. Essa região pertencia à família de Hesse Cassel*, o que explicaria talvez a antiquíssima filiação de que essa família seria a depositária.

Além disso, há a cidade de *Fez* e o Egito que são precisamente lugares em que teria ido instruir-se Christian Rosenkreutz*, segundo a *Fama**. É uma coincidência? Pode-se também pensar que os redatores dos manifestos rosacrucianos conheciam essa Fraternidade de adeptos e a sua origem.

Finalmente, ela era composta de cristãos e de judeus, como os Irmãos Iniciados da Ásia*... cujo centro se tornou precisamente o Schleswig.

Enfim, é preciso assinalar que Eugène Aroux (1793-1859), deputado monarquista sob Luís Filipe e que talvez pertencesse à Rosa-Cruz de Toulouse*, diz, nos seus *Mistérios da cavalaria e do amor platônico na Idade Média* (1878), que existia uma cavalaria albigense chamada Massênia do Santo Graal, que teria continuado na Franco-Maçonaria.

Essas pequenas coincidências não são de modo algum "provas históricas", mas talvez uma direção de pesquisa interessante.

MATHERS (Samuel Liddell)

Nasceu em Hackney em 1854. Era filho de comerciantes. Sabemos poucas coisas sobre a sua juventude, por exemplo, que estudou no liceu de Bedford. Como era apaixonado por celtismo, dizia-se o descendente do clã Mac Gregor de Glenstrae e se fazia chamar conde de Glenstrae, ou ainda Mac Gregor Mathers.

Escreveu primeiro um manual de estratégia militar... que se revelou ser a tradução de uma obra francesa. Depois, mais seriamente, traduziu a *Kabbalah Revelada,* de Knorr von Rosenroth, e redigiu várias obras sobre o assunto, notadamente *Source of Measures,* que foi abundantemente citada por Madame Blavatsky na sua doutrina secreta.

Mas ele foi sobretudo um dos três fundadores da Golden Dawn*. A sua divisa na Ordem era "Deo duce comiti ferro". É a ele que se atribui a criação de algumas cerimônias e, em uma carta, ele conta o seu encontro com os famosos Superiores desconhecidos que lhe teriam ditado uma parte da doutrina e dos rituais: "Eu tinha (...) a impressão de estar em contato com uma força tão terrível que posso compará-la apenas ao efeito contínuo do que sente momentaneamente uma pessoa perto da qual se produz um raio durante um violento temporal..."

Fez uma longa estada em Paris, onde fundou o templo Ahathoor da Golden Dawn*. Iniciou Papus* e lançou o movimento Ísis, que o seu amigo, o jornalista Jules Bois, tornou célebre.

A sua esposa, Moira Bergson (Sóror Vestigia Nulla Retrorsum), era irmã do filósofo francês. Após a morte dele em 1918, ela continuou a sua atividade na Golden Dawn*.

René Guénon inventou-lhe curiosamente um irmão caçula que nunca existiu. É a ele que Guénon atribuiu a fundação do movimento Ísis...

Ver *Golden Dawn**, *SRIA**.

MORMIUS PETRUS
Ver *Rosa-Cruz de Ouro**.

ORDEM CABALÍSTICA DA ROSA-CRUZ

Foi fundada em 1888 por iniciativa de Stanislas de Guaita* em Paris.

Era uma Ordem muito fortemente estruturada e puramente especulativa, que oferecia tanto a fachada de uma escola quanto a de um organismo iniciático.

Compreendia quatro graus copiados dos graus universitários: bacharel, licenciado, doutor (em Cabala). O quarto e último era o de membro da câmara de direção, ou Irmão Iluminado da Rosa-Cruz.

Havia aulas em que a obra de Eliphas Levi* tinha um lugar de destaque.

A cada grau correspondia um exame. Para alcançar o de doutor em Cabala, era preciso defender uma tese em um apartamento da avenida Trudaine, em Paris, diante dos examinadores trajados de vestidos vermelhos. Entre as teses apresentadas, destacam-se, por exemplo, um estudo de Albert Poisson sobre a mônada hieroglífica de John Dee* e um comentário sobre uma prancha de Khunrath* por Marc Haven.

Como previa a sua constituição, a Ordem foi limitada a 144 membros.

O conselho supremo de direção compreendia 12 membros: Guiata*, Péladan*, Georges Montieras, Julien Lejay, Papus*, Sédir*, Lucien Chamuel, Marc Haven (Dr. Lalande), Maurice Barrès (amigo adolescente de Guaita*), Augustin de Chaboseau (bibliotecário do museu de Guimer e especialista em Budismo), Paul Adam (um romancista então célebre, autor de *Carne mole*, mas também de romances de fundo esotérico: *Ser, Em cenário, A parada amorosa*) e Charles Barlet, que se encontra no cruzamento de muitas sociedades iniciáticas (ver notadamente a Hermetic Brotherhood of Luxor.)

George Polti, autor de uma *Teoria das temperaturas,* Victor-Émile Michelet, poeta, ensaísta, autor de *O Esoterismo na arte,* Albert Jounet, que escreveu um ensaio sobre *Esoterismo e socialismo,* e o abade Alta (cujo verdadeiro nome era abade Mélinge), autor de comentários sobre o Evangelho de João, fizeram parte da Ordem em questão.

O conselho supremo era dividido em três câmaras principais que se ocupavam respectivamente da direção, da justiça e da administração, às quais se juntavam uma câmara dogmática, uma câmara estética dirigida por Péladan e uma câmara de propaganda animada por Papus*.

Havia muito tempo que Péladan* e Guaita* estavam em desacordo sobre a questão do Catolicismo. Guaita* era profundamente anticlerical. Ele considerava que, "entre os católicos, só há esotéricos e místicos que não passam de imbecis", ao passo que *Péladan* reclamava para si um retorno à tradição oculta da Igreja. Além disso, as extravagâncias deste último corriam o risco de macular a reputação da ordem. Por isso, em 1890, ele teve de separar-se do seu amigo para fundar a Ordem da *Rosa-Cruz do Templo e do Graal*.

Após a morte de Stanislas de Guaita*, foi Charles Barlet quem o sucedeu.

A Ordem foi dirigida por um conselho de três membros, dentro do qual Papus* exercia domínio de fato. Barlet protestou e transmitiu, parece, os arquivos e brasões ao seu amigo René Guénon.

A seguir, a Rosa-Cruz cabalística fundiu-se pouco a pouco na Ordem martinista, ao desposar também as duas tendências: de um lado, a corrente Bricaud-Chevillon; e do outro, aquela representada por Blanchard, Chaboseau e Lagrèze*.

***

A origem da filiação rosacruciana da Ordem coloca ainda alguns problemas.

O estudo da correspondência entre Guaita* e Péladan* mostra que foi sem dúvida o segundo quem iniciou o primeiro. Ele próprio recebera essa iniciação do seu irmão Adrien. Mas, chegado a esse ponto, as opiniões divergem.

Segundo Augustin Chaboseau, que o confiou a Robert Ambelain, a fonte da cadeia iniciática seria uma Fraternidade oculta oriunda dos rosa-cruzes ingleses do século XVII. Eliphas Levi teria encontrado em 1873, em Londres, um membro dessa Fraternidade. Talvez fosse Bulwer Lytton* ou Mac Kenzie*, com os quais ele esteve em contato? De retorno à França, ele o teria transmitido ao abade Lacuria e ele próprio o teria remetido a Adrien Péladan.

Para Gérard Galtier, em compensação, ela seria proveniente mais simplesmente de Firmin Boissin* (Simon Brugal) e, portanto, da Rosa-Cruz de Toulouse*...

Ver *Stanislas de Guiata**, *Péladan (Joséphin)**, *Rosa-Cruz do Templo e do Graal**.

ORDEM DA ROSA-CRUZ DE OURO DA DINAMARCA (GULD-OG ROSENKORS-ORDENERS)

Fraternidade mencionada no *Who´s Who in Occultism*, de William C. Hartmann, porém inexistente na França. Teria sido fundada na época de Papus* por

Carl Michelsen. Os seus principais dirigentes foram C. W. Hansen e Grundall Sjallung, que participou da FUDOSI*. Teria praticado os rituais da Rosa-Cruz de Ouro* alemã do Antigo Sistema (reformada em 1777 por Wöllner). Compreendia nove graus.

ORDEM DA ROSA-CRUZ DO TEMPLO E DO GRAAL

Em 1888, Joséphin Péladan* foi um dos fundadores da Ordem Cabalística da Rosa-Cruz*, mas rapidamente a sua vontade de ficar na Igreja católica e, sobretudo, as suas excentricidades (notadamente as suas "excomunhões" contra muitas personagens oficiais) o levaram a romper com Stanislas de Guaita*. Em junho de 1890, ele fundou a sua própria organização, que se chamou sucessivamente Ordem da Rosa-Cruz católica, Associação da Ordem do Templo da Rosa-Cruz, Rosa-Cruz do Templo e, finalmente, Ordem da Rosa-Cruz do Templo e do Graal.

A Ordem compreendia três graus: escudeiro, cavaleiro, comendador. Os comendadores eram assimilados aos diferentes sefirot da Cabala. Gary de Lacroze, por exemplo, era comendaor de Tifereth. As reuniões da Ordem ocorriam na casa de Péladan, à rua Notre-Dame-des-Champs, onde ele oficiava com vestido de monge, com uma rosa-cruz no peito.

À imagem do seu fundador, era uma Ordem muito estetizante. O patrono da Ordem era Leonardo da Vinci e a escolha das vestes de cerimônia era importante. Além disso, a Ordem foi sobretudo conhecida por ter organizado os "salões da Rosa-Cruz", que tinham por ambição renovar a arte. Um outro objetivo seu era dar lugar ao Esoterismo na Igreja.

Ver *Péladan (Joséphin)**, *Ordem Cabalística da Rosa-Cruz**.

ORDEM DA ROSA-CRUZ UNIVERSITÁRIA

Ordem fundada em 1923 em Louvain por Émile Dantinne (*Sâr Hiéronymus*), na linhagem da Rosa-Cruz Católica de Péladan*. Era em princípio destinada aos estudantes e constituía o círculo preparatório de uma Ordem mais secreta, também fundada por Sâr Hiéronymus*: a *Rosa-Cruz interior*.

Como a Rosa-Cruz de *Péladan*, era "uma Ordem de cavalaria cristã, fiel à tradição do Cristianismo".

Sâr Hiéronymus* havia retomado a divisão em nove graus da Rosa-Cruz de Ouro alemã do século XVIII, tal e qual foi organizada por Hermann Fictuld. E os nomes dos graus continuaram, aliás, quase sem mudança alguma na SRIA*, na Golden Dawn*, etc. Lá também, cada um deles correspondia a um ritual e a um ensino preciso. Dessa forma, com o primeiro grau (Zelator), o discípulo estudava as religiões comparadas, o Cristianismo e a prece. O segundo grau (Theoreticus) ensinava os poderes ocultos, a Medicina mágica e a Teurgia. O terceiro grau (Practicus), o êxtase, o ensino dos grandes místicos, Alquimia e a obra de Khunrath. O quarto grau (Philosophus), as hierarquias angélicas. O quinto grau (Adeptus minor), a Teurgia teórica e prática (ritos, exorcismo, bênçãos, etc.). O sexto grau (Adeptus major), os mistérios do Cristianismo (Trindade, encarnação, etc.). O sétimo (Adeptus exemptus), a meditação, o sacrifício, a pureza. O oitavo (Magister templi), o êxtase, a união celeste, a missão social dos místicos (considerados os verdadeiros regentes do mundo). O nono (Magus), a função secreta da Rosa-Cruz, a sua missão atual.

Dessa forma, o discípulo seguia um curso completo de Esoterismo cristão na mais pura tradição da Rosa-Cruz de *Péladan*. Podia, então, postular a sua entrada na Rosa-Cruz interior.

O primeiro *fórum* da Rosa-Cruz Universitária ocorreu em Duinbergen, em 25 de agosto de 1923.

Em 1926, François Soetewag (Sâr Sucus) foi nomeado Imperator, e *Jean Mallinger* (Sâr Elgim), então estudante na Universidade Católica de Louvain, secretário.

Ver *Sâr Hiéronymus**, *Mallinger**, *FUDOSI**, *Rosa-Cruz interior**.

ORDEM DO TEMPLO DA ROSA-CRUZ

Foi fundada em 1912 por Annie Besant, Marie Russak e H. Wedgwood, bispo da Igreja católica liberal, na linhagem do pensamento teosófico.

O nome da Ordem (em que figura uma alusão aos templários e aos rosa-cruzes) mostra a dupla filiação que reclamava para si.

O trabalho era centrado em torno de rituais de invocação teúrgica.

ORIGEM DA ROSA-CRUZ

Foram encontradas múltiplas fontes do movimento rosacruciano: entre os brâmanes indianos, os magos da Pérsia, os egípcios, os cátaros, etc.

Irenaeus Agnostus fez com que remontasse a Adão.

Spencer Lewis* atribui a sua fundação ao faraó egípcio Tutmósis III, e a historiadora inglesa Frances Yates, à Ordem da Jarreteira.

É certo que a rosa e a cruz estão presentes no *Prognosticatio* de Paracelso*, que data de 1536.

Quanto a Gérard de Sède, ele fala de uma primeira associação desses dois símbolos por ocasião de uma visão do cavaleiro aragonês Irigo Arista. Ele combatia os mouros nos Pirineus, quando viu aparecer no céu uma cruz de luz da qual cada ponta se ornava de uma rosa.

Mas é preciso confessar que nenhuma menção histórica de uma sociedade secreta rosacruciana existe antes da *Fama**, publicada em 1615.

Sabemos também que esse texto fundador do movimento rosacruciano se elaborou em torno de Tobias Hess*, na casa dele, com os seus amigos Valentin Andrea* e Cristóvão Besold*.

Agora a pergunta que se coloca é a seguinte: teriam Tobias Hess* e os seus amigos inventado os rosa-cruzes, ou se foram eles o eco de uma tradição anterior?

Nos seus escritos posteriores e nas suas cartas, *Valentin Andrea* sempre falou da ficção ou até mesmo da brincadeira rosacruciana.

Era ele sincero? Era para defender-se de calúnias de que ele era objeto, como pensaram alguns autores?

É pouco provável, haja vista a abundância e a constância das suas recusas (*Turris Babel, Turbo,* etc.).

Mas a história nem sempre deixa traços visíveis. E há realmente um "mistério" rosacruciano. Uma simples brincadeira não engendra um movimento de tamanha amplitude. E talvez haja outra explicação para a origem dos Rosa-Cruzes...

Na época da *Fama**, existia toda uma corrente de pensamento em que cientistas misturavam ao mesmo tempo a Medicina paracelsiana, a Cabala, a Alquimia, as ciências naturais nascentes e a Mística.

Eram também muito opostos ao papa e desejosos de uma profunda mudança social, política, religiosa.

Os cadinhos desse movimento parecem ter sido, de uma parte, o círculo de Tübingen com Valentin Andrea* e amigos, de outra parte, o conclave rosacruciano* de Maurício de Hesse Cassel* fundado em 1615, no mesmo ano em que foi publicada a *Fama*.

Mesmo que Christian Rosenkreutz fosse verossimilmente inventado por Valentin Andrea* e amigos, esse vasto movimento subterrâneo ao qual pertenciam Michael Maïer, Robert Fludd*, Tobias Hess*, Francis Bacon*, etc., apaixonado por Cabala, Alquimia, Mística cristã e talvez reagrupado em uma (ou mais) sociedade (s) secreta (s) [a famosa Comunidade dos Magos de que fala *Michael Maïer**], utilizou, ampliou voluntariamente esse mito para servir à sua vontade de reforma social e impulsionar uma nova orientação espiritual às nações.

Dessa forma, a Rosa-Cruz teria cristalizado um pensamento apresentado de longa data no cerne de alguns grupos ocultos.

ORMUS

De acordo com Le Forestier (que relata essa lenda no seu livro sobre a Franco-Maçonaria templária e ocultista), Ormus seria um sábio egípcio convertido ao Cristianismo por São Marcos. Ele fundou uma sociedade secreta, os Irmãos do Oriente, que tinha por emblema uma "cruz de ouro esmaltada de vermelho". Seriam eles que teriam transmitido a iniciação maçônica aos templários. Essa iniciação era uma síntese do antigo ensino egípcio mesclado ao Cristianismo e à sabedoria judaica.

Três membros dessa sociedade se encontraram na Escócia, e estariam na origem da Rosa-Cruz de ouro do Antigo Sistema.

Jacques Étienne Marconis de Nègre, um franco-maçom do século XIX, retomou essa lenda modificando o nome de Ormus para Ormésius. Ela lhe serviu de base para fundar em 1839 o Rito Oriental de Memphis, que comportava 95 graus.

O nome de Ormus aparece também em uma carta do príncipe Raimondo di Sangro do San Sereno ao barão Théodore de Tchoudy, datada de 1753 (cf. Gérard Galtier, p. 164, segundo Clara Mininelli, *E Dio creo l´uomo et la maçoneria*).

Pierre Plantard também retoma essa mesma lenda (*Os templários estão entre nós*, p. 282) para explicar a origem templária da Rosa-Cruz.

Ele pretende, segundo "arquivos secretos propriedades de algumas sociedades", que a "Ordem templária" se teria dividido em 1188. Um dos seus ramos, o Ormus, que tinha por emblema uma cruz vermelha e uma rosa branca, estaria na origem da Rosa-Cruz.

Os seus membros seriam sempre 13. O mestre se chamaria o "nauta"...

De acordo com essas mesmas fontes, Robert Denyau, cura de Gisors no século XVII, teria declarado, na sua *História política de Gisors e do país de Vulcano*, datando de 1629, que a Rosa-Cruz havia sido fundada pelo primeiro mestre de Ormus, Jean de Gisors, em 1188. Mas os jornalistas ingleses, autores de *O enigma sagrado*, que tentaram verificar a informação, não puderam, pois muitas páginas desse livro são ilegíveis, outras foram arrancadas e faltam...

Ver *Rosa Cruz de Ouro**.

OTO

Ordo Templi Orientis. Essa Ordem de inspiração mais templária não está ligada diretamente ao movimento rosacruciano, mas Franz Hartmann*, o fundador da Rosa-Cruz esotérica*, participou da sua criação e muitos rosacrucianos influentes fizeram parte dela. Papus* foi o seu representante para a França, e Spencer Lewis* para os Estados Unidos. Rudolf Steiner** foi verossimilmente iniciado, bem como Krumm-Heller, o fundador da Fraternitas Rosicruciana Antiqua*, etc.

** N. E.: Sugerimos a leitura de *A Filosofia de Rudoff Steiner — e a Crise do Pensamento Contemporâneo*, de Andrew Welburn, Madras Editora.

A Ordem foi fundada em 1904 por Theodor Reuss, como uma espécie de "círculo oculto" das diferentes fraternidades que ele dirigia. Os rituais e a doutrina eram baseados nas práticas da magia sexual. Aliás, no seu livro *Lingam-Yoni*, Reuss retoma as idéias de Hartgrave Jennings sobre os cultos fálicos como fundamento da religião...

Na seqüência, o mago inglês Aleister Crowley assumiu a direção da Ordem e lhe deu toda a sua amplitude.

PAPUS

Pseudônimo do doutor Gérard Encausse (1865-1916).

Esse célebre ocultista francês esteve muito mais ligado ao movimento martinista do que à Rosa-Cruz, mas ele foi, mesmo assim, um dos dirigentes da Ordem Cabalística da Rosa-Cruz* e fez parte da Hermetic Brotherhood of Luxor*, bem como fundou a FTL* com Marc Haven e Sédir*.

É verdade que ele foi animado a vida toda por uma incansável atividade. Em 1890, ele já fundava o grupo independente de estudos esotéricos que abriu uma "escola de ciência hermética" à rua de Savoie, nº 4, onde dava muitos cursos e conferências sobre os mais diversos assuntos. Foi também o autor de mais de duzentas obras, entre outras, *O Tarô dos boêmios* (1889), *A Cabala* (1892), *O tratado elementar de magia prática* (1893), *O tratado metódico de ciência oculta* (1891), *A ciência dos magos, Primeiros elementos de Astrosofia* (1910), etc.

Em 1888, ele criou o periódico *A Iniciação* e, em 1890, o hebdomadário *O Véu de Ísis*. "Despertou" o Martinismo com o seu amigo Chaboseau. Venceu vários concursos por ter inventado sistemas de antivol, uma lâmpada destinada aos táxis e um aparelho fixador para os soldados de chumbo... Criou também um sabão, o Sabão Verde do almirante, à base de bile para limpar os lipomas, duplos queixos, "culotes de cavalo". E tudo isso levando uma brilhante carreira de médico no seu gabinete de consultas do bulevar de Clichy, nº 60, onde ele era literalmente assaltado por uma clientela entusiasta que esperava até na escada. Curava usando a Alopatia, medicamentos "alquímicos" que ele próprio fabricava ou ainda a prece, sendo as perturbações a sua especialidade, pois tinha a faculdade de "ver" o astral do doente.

Aliás, ele possuía poderes reais. Tinha, por exemplo, predito o assassinato de Sadi-Carnot um ano antes e, em novembro de 1915, a vitória da França para 1918.

Se o seu "mestre intelectual" era Saint-Yves de Alveydre, o seu mestre espiritual era Philippe de Lyon, com quem ele foi à corte de Nicolau II. Por volta do fim da vida, ele se havia, diga-se de passagem, reaproximado consideravelmente desse ser excepcional; e foi sem dúvida sob a sua influência que ele afirmava, em um dos seus últimos escritos, que "a prece que dá a paz do coração é preferível a qualquer magia que só dá o orgulho".

Ele se havia apresentado como voluntário para o *front* e foi nomeado médico-chefe do III exército. Mas ficou doente em campanha e morreu em 1916.

PARACELSO

Seu verdadeiro nome era Theophastus Bombast von Hohenheim (1493-1541).

Temos poucos elementos confiáveis na sua biografia. Mesmo a sua data de nascimento, 1493, é incerta.

Sabemos com certeza apenas que ele nasceu em Einsiedeln, na Suíça.

Descendia de uma velha e nobre família da Suábia. O seu pai já era um médico reconhecido.

Ele se apaixonou muito jovem pela Alquimia e os seus primeiros mestres foram, além do pai, quatro bispos que ele mencionará nas suas obras.

Freqüentou a escola secundáriaa dos Fugger em Hutenberg, perto de Villach.

Sabemos, igualmente, que ele estudou na Faculdade de Medicina de Ferrara, mas não temos nenhuma prova de que obteve o diploma.

É até mesmo pouco provável que tenha terminado os estudos, posto que exerceu as funções de cirurgião militar pela república de Veneza e não as de médico.

É preciso saber que o cirurgião naquela época não passava de um simples artesão e não de um clérigo como o médico. É, portanto, desprezado, e as primeiras críticas de Paracelso ao corpo médico visaram a defender a cirurgia.

Então, participou de inúmeras campanhas na Holanda, Dinamarca, Prússia, no Oriente Próximo, que ele evocará na sua obra.

Em 1524-1525, ele se juntou às fileiras dos camponeses revoltados e escapou por pouco da morte.

Fixou-se um tempo em Estrasburgo, onde as suas curas milagrosas lhe atraíram os favores de todas as camadas da população. Mas entrou em conflito com as autoridades da cidade.

Na Basiléia, curou o editor humanista Frobers de uma dor persistente na perna quando ele estava a ponto de mandar amputá-la: todos os seus confrades tinham fracassado. Erasmo, que era amigo do doente, exprimiu o desejo de que Paracelso se instalasse na cidade. Ele foi, portanto, nomeado médico da municipalidade e professor na universidade. Mas recusou-se a submeter-se às formalidades de instalação e redigiu um manifesto em que atacava violentamente Hipócrates e Galiano, dois dos mestres da Medicina acadêmica. E mais tarde, aproveitando-se da algazarra de um estudante, queimou publicamente as obras de Avicena.

Em represália, a faculdade recusou-lhe o acesso ao anfiteatro. Paracelso apresentou queixa à municipalidade. Obteve ganho de causa e pôde continuar as suas aulas. Mas os seus inimigos se haviam multiplicado entre os médicos e os boticários.

Ele ensinava em alemão, o que era particularmente revolucionário na época, e os seus alunos era numerosos e entusiastas. Porém, um eclesiástico chamado Cornélio de Lichtenfels, que sofria de dores persistentes havia muito tempo, prometeu a Paracelso uma soma importante se o aliviasse. Este último o curou na hora com uma das suas preparações, mas o eclesiástico não manteve a palavra. Ocorre que, se Paracelso estava sempre pronto para cuidar de graça dos pobres, ele era intratável com os ricos. Apresentou queixa. Mas só lhe foi concedida uma soma irrisória como compensação, e ele insultou um juiz. A sua reação punha-o em perigo de prisão e os seus amigos o aconselharam a deixar a cidade.

Em 1528, ele retomou, portanto, a rota e recomeçou uma vida errante: Alemanha, Suíça, Áustria, Boêmia.

Ele esperava instalar-se em Nuremberg, mas as autoridades médicas recusaram-se a acolhê-lo. Contudo, ele pediu que lhe levassem os doentes incuráveis da cidade e conseguiu curar nove dos 15 leprosos.

Pôde ficar um tempo, mas lá também a sua crítica dos remédios empregados contra a sífilis o alienou das autoridades médicas.

Então, retirou-se em Beratzhansen para escrever o seu *Liber paragranum* (1529-1530), depois em Saint-Gall, onde ficou vários anos. Foi lá que terminou a sua obra maior, a *Opus paramirum*, "a obra além das maravilhas" que contém as suas doutrinas médicas essenciais.

Em Appensell, na Suíça, viveu pobremente cuidando dos camponeses.

Em Sterzing, a cidade estava dizimada por uma epidemia de peste, mas as autoridades religiosas recusaram-se a escutar os seus conselhos e o insultaram.

Então, ele foi para o Veltlin. Ele se apaixonou pelas fontes de Saint-Moritz e de Pfäfers-Ragaz e fizeram-no atravessar um período pacífico estudando as virtudes terapêuticas dessa água elaborada dentro da terra.

Em 1536, entretanto, retomou as suas peregrinações. Atravessou Kempten, Memmirgen, Ulm e Augsburgo, onde publicou a sua *Grande cirurgia,* que teve sucesso imediato.

Na Boêmia, para onde um alto dignitário o havia chamado, ele começou o grande tratado filosófico que nunca terminou: a *Filosofia sagaz dos mundos superiores e inferiores*.

Em Presburgo e Viena, foi como sempre rejeitado pelas autoridades médicas e procurado pelos doentes.

O rei Fernando da Áustria o convidou. Ele viveu na corte e acreditou por um instante que voltara o tempo da riqueza, mas foi logo expulso e se viu de novo em um estado de desnudamento extremo.

Após uma viagem a Caríntia, ele se retirou, então, na região de Saint-Veit e do Klagenfurt para prosseguir a redação da sua *Filosofia sagaz*, mas o bispo de Salzburgo o convidou e foi lá que ele morreu em setembro de 1541, talvez envenenado por um homem pago por médicos da cidade.

***

Era um homem estranho, colérico, agressivo, provocador e genial. Durante a vida toda, rejeitou violentamente as autoridades médicas e religiosas, os católicos, bem como os luteranos, aos quais reprovava as suas alianças com a aristocracia.

O seu secretário, Johannes Oporinus (1507-1568), traça dele um retrato surpreendente. Descreve-o fazendo concursos de bebedeiras com os camponeses (que sempre vencia) ou farsas grosseiras.

Mas, de manhã, ele lhe ditava textos de notável clareza.

Trabalhava também muito nos fornos para produzir os seus remédios "milagrosos" pela arte da Espagira.

Quando tinha dinheiro, vestia-se suntuosamente, gastava sem contar, depois se via de novo miserável.

Em compensação, as mulheres não o interessavam e ele não teve nenhuma aventura amorosa.

***

Poucos livros seus foram publicados quando ele estava vivo: a *Grande cirurgia*, algumas brochuras, predições astrológicas. E, no entanto, a sua obra é considerável e preenche 12 grossos volumes. Trata de todos os domínios do conhecimento, pois, para Paracelso, o médico deve ser também teólogo, astrólogo, alquimista, místico...

Foi somente 12 anos após a sua morte que se começou a publicá-la, graças a inúmeros discípulos.

***

O fundamento da sua doutrina, bem como da sua prática médica, parece ser um retorno ao estudo da natureza, pois ela é "a obra da sabedoria de Deus" e reflete o mundo invisível. Mas esse grande livro mudo não se folheia como um livro banal. É necessário viajar, sendo cada país atravessado como uma página que se vira.

É para incitar os médicos a retornar a essa fonte primeira que ele critica com tanta virulência Aristóteles, "um ilusionista artificioso", e Avicena.

Mas esse conhecimento da natureza que ele preconiza não é o da ciência moderna, que é para Paracelso oriundo de uma experimentação aventurosa que ele já denunciava.

É por "simpatia" que se deve abordá-la. É uma comunhão, uma osmose com a planta ou com o mineral que permite compreender a sua "virtude" escondida, o seu mecanismo interno, o "Astrum". Pois o homem e a natureza, o microcosmo e o macrocosmo se correspondem um com o outro. Existe um vínculo, um elemento de simpatia entre eles. Mas, para que este se revele, o ser deve situar-se em um nível mais profundo do que o nível habitual, pois é nas profundezas que se desvelam os arcanos. E nesse conhecimento, a racionalidade é um obstáculo. É uma ficção sem relação com o real. Uma degenerescência do homem. A sabedoria humana não pode nada e a sabedoria de Deus se exprime no livro da natureza e da fé.

Mas, se Deus criou as múltiplas formas do Universo, as virtudes intrínsecas que dão o seu poder de cura às plantas permanecem incriadas. Sempre existiram por toda a eternidade. Portanto, quanto menos "matéria" há, mais a virtude de um corpo é exaltada. Daí a necessidade de separar, por exemplo, uma planta do que é pesado, pesando para que ela seja conforme à estrela que a anima. E isso se dá pela arte da Espagiria. Faz-se amadurecer a substância por destilações sucessivas e assim se extrai a quintessência, o núcleo, o coração da planta ou do mineral. E esses remédios "espagíricos" são com certeza um dos segredos essenciais das curas do nosso médico.

***

Paracelso adotou uma concepção tripartida do ser humano.

Além do seu corpo físico, ele possuiria uma "alma astral" cuja fonte estaria embaixo do coração biológico.

Ela não é imortal, já que, após a morte física, dissolve-se para juntar-se às estrelas de onde veio. Mas, além disso, há o "sopro de Deus", que se aloja no centro do coração. Só ele é imortal.

É a alma astral que põe o homem em contato com as estrelas. É ela também que é a fonte da origem da imaginação, pois a imaginação é para Paracelso uma força extraordinária. Para ela, o homem tem todo poder sobre a matéria, no bem e no mal. Ele pode engendrar epidemias, tornar as pessoas doentes ou cuidar delas...

***

A influência de Paracelso foi imensa sobre o movimento rosacruciano. Michael Maïer*, Robert Fludd*, Johann Arndt*, Tobias Hess* e muitos outros eram médicos paracelsianos. A sua rejeição de Aristóteles e Galiano, a preeminência dada ao estudo da natureza é encontrada em todos esses autores. Comenius* chegou até mesmo a privilegiar essa forma de conhecimento à leitura da Bíblia.

Muitas idéias da *Fama** lhe são emprestadas. Como em Paracelso, o Liber Mundi*, o famoso *Liber M.*, é fonte de todos os conhecimentos verdadeiros. Os poderes de Christian Rosenkreutz* são os do homem que pôde penetrar na "alma do mundo", nas causas invisíveis. E os seus seres elementares, ninfas, gnomos, espíritos das águas, pigmeus, salamandras que Christian aprende a conhecer em Fez, são tomados de empréstimo a Paracelso. O seu próprio nome é mencionado: "Embora não tenha aderido à nossa Fraternidade, Paracelso, leitor assíduo do *Liber M.**, soube com isso iluminar e aguçar o seu gênio...", escreve ele em a *Fama**, a despeito de toda verossimilhança, já que o túmulo de C. R. foi murado em 1484, ou seja, nove anos antes do nascimento de Paracelso...

E nas *Bodas químicas**, o seu nome figura de maneira criptada sobre o atanor em que é depositado o ovo filosófico no sexto dia.

Para Paracelso, a rosa é, diga-se de passagem, o símbolo da regeneração do homem, como ele menciona no seu *Livro sobre a ressurreição e a glorificação dos corpos*.

Portanto, não é surpreendente que os primeiros autores de inspiração rosacruciana tenham passado por paracelsianos.

Mas Valentin Andrea* terá uma atitude ambígua para com o médico suíço.

Ele o admira e desconfia dele ao mesmo tempo, pois a sua visão do homem é fundamentalmente diferente. Para ele, como aliás para Lutero, o homem não é onipotente. É "pecador" e só a Graça divina pode salvá-lo.

PARERGON
Ver *Alquimia*.

PÉLADAN (Adrien)
Membro importante da Rosa-Cruz de Toulouse*, foi sem dúvida o iniciador do seu irmão Joséphin.

Nasceu em Nîmes em 1844, mas viveu a sua infância em Lyon.

Era uma criança muito precoce, já que aos 12 anos compôs uma *História poética das flores*. Aos 16 anos, aprendeu chinês e, aos 20, publicou um guia de Lyon antes de começar a estudar Medicina. Foi nessa época que ele descobriu os escritos de Mesmer, teórico do magnetismo animal, e de Hahnemann, fundador da Homeopatia.

Apaixonou-se pelos seus discípulos, mas em 1885, aos 31 anos, morreu pela demasiada alta diluição de um medicamento homeopático.

Publicaram-se, postumamente, duas das suas obras: uma *Anatomia homológica* e um texto sobre a Bíblia, *Tradições sobre Adão, Abel, Caim, Seth, Enoch,* que veio a lume em 1886.

Foi discípulo do abade Lacuria (1806-1890), o autor de *Harmonias do ser exprimidas pelos números*, e talvez o mestre da Rosa-Cruz de Toulouse na seqüência do Árcade de Oriente Val...

Ver *Joséphin Péladan**, *Rosa-Cruz de Toulouse**.

PÉLADAN (Joséphin)

Joseph Aimé Péladan, chamado de Joséphin, nasceu em 28 de março de 1858 em Lyon.

Os seus ancestrais são camponeses das Cevennas convertidos ao Catolicismo. O seu pai, que dirige os

Anais do sobrenatural no século XIX (uma publicação católica consagrada às aparições e aos milagres), faz-lhe descobrir Fabre d´Olivet.

Ele é, a princípio, empregado de banco, mas, sob a influência de Barbey d´Aurevilly, publica o seu primeiro romance, *O vício supremo*, em 1884. Stanislas de Guaita entusiasma-se pelo livro. Escreve-lhe, e é assim que nasce uma profunda amizade que resultará na criação da Ordem Cabalística da Rosa-Cruz*. Mas ele logo se separa dessa organização, cujo caráter profundamente anticlerical censura, para fundar a sua: a Ordem da Rosa-Cruz do Templo e do Graal*.

Era antes de tudo um esteta que escrevia em *A arte oclonocrática*: "O artista deveria ser um cavaleiro de armadura comprometido a fundo na busca simbólica do Graal". E para aplicar essas idéias, ele lançou os salões da Rosa-Cruz, que tiveram grande repercussão, mesclando Decadentismo, Barroco, Simbolismo, Catolicismo, Ocultismo, segundo a moda do fim do século XIX. O primeiro ocorreu no Campo de Marte em 1893 e recebeu 23 mil visitantes, um número enorme para uma manifestação artística na época.

Os "salões" duraram cinco anos e apresentaram artistas como Gustave Moreau, Félicien Roy, George Rouault, Émile Bernard, Antoine Bourdelle.

Era um admirador de Wagner e de César Franck, mas era também amigo de Debussy, e Erik Satie compôs as músicas dos seus rituais.

A sua grande idéia era voltar a dar à Igreja católica o seu fundamento esotérico original. Para ele, a elite da Igreja deveria ser constituída de magos. Mas, se o homem deve tornar-se um mago, a mulher deve ser uma fada, para que eles reconstituam juntos a unidade original, o Andrógino...

Morreu em Neuilly, em 27 de junho de 1918, intoxicado por frutos do mar.

***

Era uma personagem extravagante, um pouco enfática, grande amador de títulos e cerimônias grandiosas, mas algumas das suas idéias são interessantes e ele deixou um traço importante sobre os movimentos rosacrucianos posteriores, notadamente sobre Émile Dantinne, mais conhecido pelo nome Sâr Hiéronymus*, um dos principais dirigentes rosacrucianos belgas. Este último continuou, aliás, na sua ordem da Rosa-Cruz interior, o trabalho de Péladan iniciado por ocasião das suas viagens à Bélgica.

Por seu intermédio, o pensamento de Sâr influenciou também Spencer Lewis*, o fundador da AMORC*, o que explica o fato de algumas das suas idéias se encontrarem nessa última organização.

Mas o melhor conhecedor de Péladan é sem dúvida o dr. *Édouard Bertholet*, fundador da AMORC* suíça. Embora ele divergisse em vários pontos do seu mestre (notadamente na crença na reencarnação, à que Péladan era mais hostil), o seu livro *O pensamento e os segredos de Sâr Joséphin Péladan* continua sendo uma contribuição indispensável ao conhecimento do fundador da Rosa-Cruz católica.

Ver *Ordem da Rosa-Cruz do Templo e do Graal**, *Stanislas de Guaita**, *Ordem Cabalística da Rosa-Cruz**, *Sâr Hiéronymus**, *Spencer Lewis**, *AMORC**.

PELICANO

Símbolo rosacruciano importante, o pelicano que abre o próprio peito para alimentar os seus filhos é o símbolo de Cristo sacrificando-se pela humanidade, mas, segundo Wittermans, ele representa também o Único revelando-se no septenário.

Um pelicano alimentando sete pequenos do seu sangue figura no 18º grau do Rito escocês antigo e aceito.

RANDOLPH (PASCAL BEVERLY)

Nasceu nos Estados Unidos em 1825 de uma mãe mestiça. Dizia-se de origem a um só tempo malgaxe, francesa, espanhola, indiana, inglesa, celta galesa, alemã e árabe.

Deixou a escola aos 16 anos para se tornar marinheiro. Na seqüência, exerceu as profissões de barbeiro, tintureiro, ao mesmo tempo em que estudava Medicina. Mas nunca obteve o diploma.

Tornou-se amigo de Abraham Lincoln e, durante a guerra de Secessão, comandou uma unidade de soldados negros. Com a volta da paz, tornou-se professor dos escravos libertados.

Viajou entre 1850 e 1886 à Europa e ao Oriente Próximo.

Foi nesse momento que conheceu Mac Kenzie* e Hardgrave Jenning, dois membros da *SRIA,* aos quais sem dúvida tomou emprestada uma parte das suas idéias sobre o rosacrucianismo e a sexualidade "mágica".

No seu livro *Eulis! The History of Love* (Toledo, Ohio, 1874), ele diz ter recebido uma iniciação na magia sexual na Palestina com uma mulher árabe. Depois, dervixes da Síria pertencentes a uma confraria xiita (a Ordem dos Nusayris ou Ansaireth) o teriam posto no caminho do "elixir da vida".

De retorno ao Estados Unidos, por volta de 1858, fundou uma primeira organização oculta, a Fraternidade de Eulis, cujo nome faz referência aos mistérios de Elêusis. Mas foi acusado de difundir teorias sobre o amor livre e foi detido. Defendeu-se e pôde facilmente provar que o seu ensino era exclusivamente reservado aos pares casados.

Criou, outrossim, um método de terapia "leve" que continua sendo praticada ainda hoje na clínica Clymer, nos Estados Unidos.

Foi em 1861 que ele fundou a Fraternitas Rosae Crucis*.

Os seus livros e a sua pessoa gozaram de uma imensa popularidade na época. Mas ele se suicidou em 1875, arruinado pelos seus processos, depois de ficar sabendo que a sua mulher o enganava.

A sua obra é imensa e compreende obras de Filosofia, Antropologia, romances. No entanto, o seu mais célebre livro na França, *Magia sexualis*, foi na realidade publicado a partir de anotações manuscritas por Maria de Naglowska, uma russa propagandista de uma sexualidade coletiva muito distante das idéias de Randolph. E muitas passagens sem dúvida não são dele.

Ele é com certeza um dos raros autores rosacrucianos a não reclamar para si uma filiação, mas a confessar que o seu ensino havia sido inteiramente criado por ele...

Ver *Fraternitas Rosae Crucis**.

REICHEL (August)

Ocultista alemão, nascido em Munique em 1898. Tornou-se um dos principais dirigentes rosacrucianos suíços. Instalou-se no cantão de Vaud para lá exercer a profissão de contador. Apaixonava-se pela Medicina espargírica e pela Astrologia. Foi ele quem deu a sua "patente" ao dr. Édouard Bertholet* para que ele pudesse criar a AMORC* suíça, independentemente da AMORC* de Spencer Lewis*. No primeiro *fórum* da FUDOSI*, em 1937, ele representava a totalidade das organizações iniciáticas suíças e a sociedade alquímica da França de Jollivet-Castellot*. Quis reconciliar a FUDOSI* com Constant Chevillon (um dos fundadores da FUDOFSI* rival), mas Bertholet* entrou em conflito com ele. Foi afastado da FUDOSI* e se reaproximou de Chevillon.

Morreu em Lausanne em 1962.
Ver *FUDOSI**, *AMORC**, *Bertholet**.

REUSS (Theodor)
Ver *OTO**.

RIJCKENBORG (Jan von)
Ver *Lectorium rosicrucianum**.

Rosa-Cruz (a)
Revista fundada por Jollivet-Castellot* em 1900. Era o órgão da Sociedade Alquímica da França. Jeanne Guesdon, dirigente da AMORC*, retomou-a em 1952 e ela se tornou a publicação oficial do ramo francês da organização fundada por Spencer Lewis*. Nessa época, vários ocultistas conhecidos dela participaram, entre outros: Pierre Mariel, Anne Osmon, Jules Boucher, etc.
Ver *AMORC**, *Jollivet-Castellot**.

ROSA-CRUZ DE FLORENÇA
C. E. Waetchter (1746-1825), conselheiro áulico em Stuttgart, revelou ao duque Fernando de Brunswick e ao landegrave Carlos de Hess* que ele teria encontrado, em 1778, ao término de uma longa busca, um iniciado rosacruciano em Florença. Este lhe teria garantido que os rosa-cruzes seriam, na origem, não

apenas templários, mas também de várias outras Ordens religiosas. Ele o teria admitido no primeiro e no segundo grau da Ordem. Durante as cerimônias de entronização, duas invocações de magia cerimonial particularmente impressionantes teriam ocorrido com a ajuda de livros para magos, talismãs, preces, etc. No decorrer da primeira, o espírito que apareceu era de uma brancura ofuscante. Durante a segunda, em compensação, era de cor acinzentada e medonha.

Na seqüência dessas "revelações", ele recebeu cartas de nobreza, o título de camarista e o posto de ministro da Dinamarca para o Wuttemberg, o Palatinado bávaro, o círculo de Franconi na assembléia do império de Rastibonne (Le Forestier, p. 565).

ROSA-CRUZ DE OURO

Uma das primeiras menções à Rosa-Cruz de Ouro aparece no prefácio de uma obra de Petrus Mormius chamada *Arcanos secretíssimos de toda a natureza desvelada pelo colégio rosariano*, publicada em Leyde em 1630.

O autor conta como, voltando da Espanha, ele encontrou um homem muito velho chamado Frederico Rosa.

Ele morava na fronteira do Delfinado e fundara em 1622 uma sociedade secreta que só compreendia três membros: a Rosa-Cruz de Ouro.

Recusou-se a integrar Mormius nessa Ordem e o aceitou somente como "famulus".

De retorno a Haia, este último tentou apresentar-se aos Estados gerais como representante da Rosa-Cruz de Ouro.

Tentou até mesmo vender os segredos aprendidos com esse homem misterioso: o movimento perpétuo, a transmutação dos metais e a Medicina universal. Mas se chocou com a hostilidade dos conselheiros...

Decidiu, então, escrever e publicar o seu livro.

Em 1737, G. Toeltius retomava a lenda de Frederico Rosa no seu *Céu químico desvelado*.

***

Após um longo eclipse, a Rosa-Cruz de Ouro ressurgiu com Sincerus Renatus.

Por trás desse pseudônimo se escondia o pastor luterano Salomon Richter.

Ele era pastor em Hartmamnsdorf, em Silésia. Havia estudado em Halle e se dizia discípulo de Paracelso* e de Jakob Böhme.

Em 1710, publicou em Brelau um livro intitulado: *A verídica e perfeita preparação da pedra filosofal da Fraternidade da Ordem da Cruz de Ouro e da Cruz Vermelha... tendo como apêndice as leis e regras às quais está submetida a Fraternidade em questão...*

O conteúdo da sua obra tomava de empréstimo muitos ecos à Fraternidade dos Rosa-Cruzes de Julius Sperber*, o profeta inspirador de Tobias Hess*, e à *Themis Aurea* de Michael Maïer*. Mas ele dizia que esse livro não era dele. Seria a simples cópia de um manuscrito muito antigo.

A obra dava receitas alquímicas, mas também os 52 artigos da regra dos rosa-cruzes de ouro.

Segundo o autor:

— os membros não deviam ultrapassar o número de 63;

— ela é dirigida por um Imperator eleito vitalício que muda de nome e de residência a cada dez anos;

— a Ordem divide-se em Irmãos da Cruz de ouro e irmãos da Cruz rosa;

— o tempo de provação é de dez anos;

— cada qual promete obediência até a morte ao seu superior;

— a admissão faz-se na presença de seis Irmãos, depois de feito o juramento do silêncio. "O sinal de paz é dado ao novo membro com um galho de palmeira e três beijos";

— quando dois membros se encontram, eles se saúdam com as palavras rituais e mostram os seus selos;

— o "Magistério" (a grande obra) é comunicado aos irmãos, mas eles não podem usá-lo para si mesmos, a fim de levar um reino à revolta ou para servir a um tirano;

— é proibido fabricar pérolas e pedras preciosas maiores do que aquelas que têm ordinariamente curso;

— se um irmão quer fazer-se conhecer em uma cidade, que ele saia na manhã de Pentecostes antes do nascer do sol, nos arredores da porta oriental; que mostre uma cruz vermelha se for um irmão da cruz de ouro, e uma verde, se for um rosa-cruz;

— cada irmão deve mudar de nome e prenome após a sua admissão e adotar o do último irmão falecido;

— ele rejuvenescerá por meio da "pedra" a cada mudança de domicílio. Mas ele não pode administrá-la a uma mulher grávida nem empregá-la na caça...

— quando um irmão se vai, o seu novo vínculo de residência deve permanecer secreto. Ele deve vender o que não pode levar e dividir o produto entre os pobres;

— em viagem, o irmão deve levar a pedra em pó fechada em uma caixa metálica;

— os irmãos não podem se casar;

— a iniciação compreende nove graus.

Mas Sincerus Renatus afirma que nenhum dos Irmãos ficou na Europa. Partiram alguns anos antes para a Índia "a fim de lá viver na maior paz"...

***

Após a publicação desse livro, possuem-se simplesmente os traços da fusão de grupos herméticos na Alemanha e na Áustria.

Como foram encontradas em muitas obras alquímicas datando dessa época descrições de receitas semelhantes ditas com palavras diferentes, é possível que essa fonte seja comum e que provenha da Ordem dos Unzertrennlichen, como sustenta Mac Intosh...

Em compensação, é certo que essas pequenas reuniões deram nascimento à Rosa-Cruz de Ouro de Hermann Fictuld, a primeira fraternidade com esse nome de que se possuem os traços históricos precisos.

Hermann Fictuld é sem dúvida o pseudônimo de Johann Heinrich Schmidt, originário da Boêmia e autor de muitas obras de Alquimia.

No seu livro mais conhecido, *Aureum vellus* (O Tosão de ouro), publicado em 1749, ele afirma que a doutrina rosacruciana se teria transmitido clandestinamente sem descontinuidade e que seria herdeira da Ordem do Tosão de ouro fundada em Bruges em 1492 por Philippe III, o Bom, duque da Borgonha, pai de Carlos, o Temerário...

De um ponto de vista histórico, em 1747, ele entrava em contato com uma Fraternidade secreta de alquimistas, a Gold-Und-Rosenkreutz. Sob a sua impulsão, ela tomou importância e logo se estendeu a todo o sul da Alemanha e da Áustria.

Essa Ordem se desenvolveu nos meios maçônicos e esse duplo caráter, a um só tempo alquímico e maçônico, caracterizou toda a corrente rosacruciana posterior.

Foi sem dúvida também nessa época que as lendas templárias se ligaram à Maçonaria e à Rosa-Cruz, em um sistema que devia ser muito bem-sucedido. O conhecimento transmitido por Adão a Salomão seria passado para os templários, os rosa-cruzes e os maçons (cf. *A. Faivre, Le Forestier*).

Um dos centros mais importantes dessa Fraternidade foi o pequeno ducado de Salzbach, no alto Palatinado, governado pelo duque Cristiano Augusto, que se apaixonava por todos os conhecimentos místico-esotéricos.

Nessa corte, encontrava-se o cabalista cristão Knorr von Rosenroth (1636-1689), que traduziu pela primeira vez uma parte do *Zohar* para o latim na sua *Kabbalah Revelada*, e o médico paracelsiano Van Helmont. O ducado possuía uma gráfica hebraica que publicava obras de Cabala, e na qual se praticava ativamente a Alquimia (cf. Mac Intosh).

O círculo rosacruciano do ducado era dirigido pelo dr. Joseph Schleiss von Löwenfeld (1731-1800), médico na corte de Slazbach.

Um novo partidário escolhido foi Friedrich Joseph Wilhelm Schröder (1733-1778), que era professor de Medicina na Universidade de Marburgo e apaixonado por Cabala e Alquimia.

Ele estabeleceu um conclave rosacruciano na Loja dos três Leões.

No cerne dessa Ordem, vieram a público muitos livros: *Os símbolos secretos dos rosa-cruzes,* que possui magníficas pranchas coloridas, *O compasso dos sábios,* de Ketmia Vere e, sobretudo, a *Opus magocabbalisticum et theologicum*, de Georg von Welling, publicada em Frankfurt-sur-le-Main em 1719 e que se tornou o manual dos Irmãos da Rosa-Cruz de Ouro. Foi, aliás, esse mesmo livro que iniciou Goethe no pensamento rosacruciano.

Segundo essa obra, o objetivo da Rosa-Cruz é "libertar a luz da natureza profundamente enterrada sob as escórias engendradas pela maldição" e "reacender no coração de cada Irmão uma tocha" para "unir-se mais estreitamente com a fonte original" (Mac Intosh).

***

Mas, em 1767, um decreto expulsava os rosa-cruzes da Áustria.

Hermann Fictuld foi obrigado a se refugiar em Innsbruck e viu a sua influência declinar.

Outros irmãos (F. J. W. Schröder, F. Ch. Otinger, J. G. Jugel, J. Schleiss) dominaram a Ordem e introduziram modificações.

A origem templária foi abandonada. A Bíblia reencontrou um lugar central nos rituais. Os ramos não deviam contar com mais de nove membros dirigidos por um mestre. E, antes de poder postular, o candidato tinha de passar pelos três graus da Maçonaria que eram considerados preparatórios.

A iniciação compreendia nove graus: Junior, Theoreticus, Practicus, Philosophus, Minor e Major Adeptus, Exemptus, Magister, Majus. Essa divisão em nove graus foi encontrada quase intacta na SRIA, na Golden Dawn, na AMORC, etc.

**

Em 1777, a Ordem foi de novo reformada, dessa vez por dois escroques, um oficial da cavalaria apaixonado por Esoterismo, J. R. von Bischoffswerder, e um ex-pastor, J. C. Wöllner.

Eles haviam conseguido em 1776 tomar a chefia de duas importantes Lojas maçônicas de Berlim, os Três

Globos e Frederico do Leão de Ouro. Adotaram o regime da Rosa-Cruz de Ouro. Assim nasceu a Ordem da Rosa-Cruz de Ouro do Antigo Sistema, que pretendia remontar a Ormus*, um sacerdote de Alexandria convertido por São Marcos.

Von Bischoffswerder contava ter recebido uma "máquina de evocar os espíritos" e um elixir de um certo Johann Georg Schrepfer, um maçom que se dizia rosacruz e tinha um café em Leipzig.

Era na realidade um prestidigitador que fazia passes de mágica...

A Ordem era compartimentada, já que os membros só podiam conhecer os do seu próprio grupo.

Atribuíam-se aos mestres secretos poderes milagrosos.

As iniciações nos diferentes graus eram pagas e muito caras.

Eles usavam os serviços de um ventríloquo e um jogo de espelhos para fazer com que o jovem príncipe Frederico Guilherme acreditasse que os espíritos de Júlio César e de Leibniz lhe apareciam no meio do trovão e dos raios.

O príncipe, convencido, afiliou-se à Rosa-Cruz e, quando subiu ao trono, nomeou Wöllner ministro dos Cultos e Bischoffswerder, ministro da Guerra...

Os dois comparsas deram, então, um sumiço na Ordem, que não lhes era mais de nenhuma utilidade.

Wöllner distinguiu-se por medidas reacionárias. Criou uma espécie de Inquisição protestante, a "Immediat-Examination-Kommission", que vigiava todos os membros da hierarquia eclesiástica.

Os estudantes protestaram e ele, finalmente, caiu em desgraça...

***

De todos os pontos de vista, a Rosa-Cruz de Ouro marca uma ruptura total com a Rosa-Cruz original do século XVII.

O puro espírito evangélico de Valentin Andrea* e amigos é esquecido. Toda vontade de reforma social é abandonada, já que o movimento está profundamente ligado à aristocracia conservadora. Dá grande importância à busca alquímica e a rituais de inspiração maçônica. O próprio mito fundamental mudou, posto que a Rosa-Cruz de Ouro não se liga mais a Christian Rosenkreutz*, mas a Frederico Rosa (para Petrus Mormius), à Ordem do Tosão de ouro (para Hermann Fictuld) ou ainda a Ormus* (para a Rosa-Cruz de Ouro do Antigo Sistema).

Todas as sociedades rosacrucianas posteriores (SRIA*, Golden Dawn*, AMORC*...) se fundarão de um modo ou de outro na Rosa-Cruz original. E é muitíssimo possível, como pensam alguns historiadores do oculto, que haja uma filiação entre essas diferentes Fraternidades e a Rosa-Cruz de Ouro, por meio da Ordem dos Irmãos Iniciados da Ásia* e a Aurora Nascente, uma loja maçônica de Frankfurt-sure-le-Main...

Ver *Carlos da Luz Nascente*, Ormus**.

ROSA-CRUZ DE OURO DE HAARLEM

Ver *Lectorium rosicrucianum**.

ROSA-CRUZ DE TOULOUSE

É principalmente Joséphin Péladan* quem faz alusão a essa filiação rosacruciana na introdução a *Como se tornar artista*, e com mais precisão em *Como se tornar mago* (1892): "Pelo meu pai, o dr. Adrien Péladan, que era com Simon Brugal [Firmin Boissin*] do último ramo da Rosa-Cruz dita de Toulouse, como os Aroux, os do Oriente, o visconde de Lapasse*, procedo de Rosenkreutz*".

Como sugere Péladan, ela teria sido fundada pelo *visconde de Lapasse* e se teria perpetuado por intermédio de Árcade do Oriente Val* (1790-1877), Eugène Aroux (1793-1859), autor de *Dante, herético, revolucionário e socialista,* e Adrien Péladan*. Todos os seus membros eram realistas, anti-orleanistas. Lapasse* e Firmin Boissin* eram mantenedores da Academia dos Jogos Florais de Toulouse.

Mas existiu realmente essa Fraternidade?

Serge Caillet, que fez pesquisas, não encontrou nenhum traço histórico dela. Mas Péladan é muito preciso nas suas afirmações, notadamente em um texto da biblioteca do Arsenal, em que ele fala explicitamente de "Firmin Boissin, comendador da Rosa-Cruz do templo, prior de Toulouse e decano do Conselho dos 14..." E é muito possível, como aliás acredita Gérard Galtier, que o visconde de Lapasse* tenha efetivamente criado uma sociedade rosacruciana oriunda dessa misteriosa filiação que ele recebeu do príncipe Balbiani (ver Lapasse*).

Mas os membros eram com certeza pouco numerosos — talvez 14, como sugere Péladan*. E sem dúvida não é uma sociedade ritualizada e hierarquizada, como a maior parte das outras ordens rosacrucianas. Mais uma reunião informal de individualidades livres que tinham, cada qual, o seu percurso, mantinham a sua independência, porém trabalhavam no mundo à imagem do *visconde de Lapasse,* que exercia gratuitamente a Medicina.

Além disso, como na Ordem fundada mais tarde por *Joséphin Péladan*, todos os membros se queriam fiéis à Igreja católica e, portanto, opostos à Rosa-Cruz maçônica.

Ver *Péladan (Adrien)*, Péladan (Joséphin)*, Lapasse (visconde de)*, Boissin (Firmin)**.

ROSA-CRUZ DO ORIENTE

Foi Georges Lagrèze quem introduziu essa filiação rosacruciana na França, por volta de 1914.

Cantor lírico e diretor de casas de jogos, era também um antigo membro do Supremo Conselho da Ordem martinista; e foi durante uma viagem de inspeção dos conclaves martinistas no Cairo, em 1912, que ele encontrou Eugène Dupré e o grego Demétrius Platão Sémélas (igualmente martinistas), que lhe transmitiram essa iniciação. De retorno à França, ele a deu, por sua vez, a Papus*, por volta de 1914.

Apesar do nome, essa fraternidade não tinha nada de oriental. Originária da Síria, da Armênia e da Tessalônica, era antes a expressão de um Cristianismo joanita, próximo daquele de Martinez de Pasqually* e de Louis-Claude de Saint-Martin*. Tinha por símbolo uma cruz de madeira no centro da qual estava pousada uma rosa de Jericó, uma rosa que cresce no deserto da Arábia e retoma vida quando é imergida. Durante as suas cerimônias, os membros usavam um manto negro por fora e branco por dentro, com um monograma vermelho de Cristo.

Teria herdado de um método de Alquimia espiritual proveniente da Rosa-Cruz do século XVIII (cf. Robert Ambelain).

Ver *Lagrèze (Georges)**.

ROSA-CRUZ ESOTÉRICA

Ordem iniciática fundada ou revelada pelo dr. Franz Hartmann em 1888, no mesmo ano em que foram criadas a Ordem Cabalística da Rosa-Cruz* de Stanislas de Guaita* e a Golden Dawn*.

O dr. Hartmann (1838-1912) era um alemão naturalizado norte-americano. Apaixonado pela causa teosófica, ele deixou o Colorado, onde vivia, para ir até a sede da sociedade, em Adyar. Tornou-se membro do escritório diretor, um dos médicos de Madame Blavatsky e o seu secretário. Ele a acompanhou na sua viagem de retorno de Madras à Europa. Mas estava em geral em desacordo com ela e logo saiu da Sociedade Teosófica. Então, teria encontrado os adeptos de uma antiqüíssima confraria rosacruciana, que o teriam ordenado que despertasse a Ordem da Rosa-Cruz Esotérica.

Mas as suas atividades não se limitavam à fundação dessa Ordem. Foram múltiplas. Ele participou da OTO* de Theodor Reuss, despertou o interesse pela Astrologia na Alemanha, criou o "Convento laico Fraternitas", que devia se tornar a associação do Monte Veritas, perto de Ascona, na Suíça. Escreveu também sobre Paracelso, Böhme, a Medicina oculta, a Alquimia, e redigiu um curioso romance, *Uma aventura entre os rosa-cruzes*.

Ver *Aventura entre os rosa-cruzes (uma)**.

ROSA-CRUZ INTERIOR

Chamada na seqüência Rosa-Cruz universal.
Foi fundada por Sâr Hiéronymus* (Émile Dantinne) para prosseguir a obra da *Rosa-Cruz católica* de Péladan*. Muito fechada, era reservada àqueles que haviam passado por todos os graus da Rosa-Cruz universitária*. À imagem da Ordem fundada por Péladan*, compreendia três graus: escudeiro, cavaleiro, comendador, aos quais Sâr Hiéronymus* havia juntado um quarto: Imperator. Mais ainda além havia a Rosa-Cruz celeste, que só compreendia um grau. Esse último círculo era considerado o acabamento da iniciação "terrestre" e o começo de uma iniciação interna, além dos ritos e das cerimônias, talvez semelhantes àquela preconizada por *Louis-Claude de Saint-Martin* (cf. Serge Caillet).
Ver *Sâr Hiéronymus*, Rosa-Cruz universitária**.

ROSENKREUTZ (Christian)

É considerado pela *Fama** o pai fundador da Rosa-Cruz. Mas esse primeiro manifesto se limita a designá-lo pelas suas iniciais. O seu nome completo só aparece na *Confessio*.
De origem alemã, teria nascido de pais nobres, mas muito pobres, em 1378.

Foi confiado a um mosteiro aos 4 anos, no qual aprendeu latim e grego. A seguir, aos 16 anos, fez uma longa viagem em busca do conhecimento na companhia de um Irmão que morreu a caminho para Chipre.

Visitou Damasco, Jerusalém, Damcar na Arábia* (o atual Iêmen), onde ficou três anos. Foi lá que aprendeu as Matemáticas, a Física, o árabe. Traduziu *Liber M.*, o livro do mundo ou da natureza, em latim. Depois, passou uma temporada no Egito (onde estudou a flora e a fauna), na Líbia e finalmente em Fez*, onde ficou dois anos.

Uma vez de volta à Alemanha, construiu uma vasta residência na qual meditou sobre as suas viagens e a filosofia.

Ocupou-se também de Matemáticas e fabricou muitos instrumentos científicos.

Mas, ao fim de cinco anos, repensou as suas idéias de reforma radical da sociedade e, para realizá-las, ele se associou com três Irmãos que pertenciam ao mosteiro no qual havia passado a infância. Foram designados na *Fama* pelas suas iniciais: G.V., ir I.A. e ir I.O., que era, sempre de acordo com a *Fama*, muito versado em Cabala e de rara erudição.

Pediu-lhes fidelidade e silêncio e lhes rogou anotar todas as suas instruções.

Eles quatro formavam o primeiro núcleo da confraria da Rosa-Cruz.

Juntos, eles compuseram uma língua mágica e estudaram a primeira parte do *Liber M.**

Mas, cumulados pelo trabalho e pelo afluxo dos doentes, eles acrescentaram o primo do ir R.C., um pintor, e os seus dois secretários, G.C. e P.D.

Agora, eles eram, portanto, oito.

Com exceção de dois Irmãos que permaneceram no local com C.R., todos os outros percorreram o mundo submetendo-se às seguintes regras:

— cuidar de graça dos doentes;

— acomodar-se aos hábitos dos países atravessados;

— ir ao templo do Espírito Santo todo ano no dia C;

— escolher um discípulo que o sucederá após a morte;

— servir-se da palavra R.C. como selo, insígnia e assinatura.

E era acrescentado que essa Fraternidade devia permanecer escondida por cem anos.

***

Segundo o relato da *Fama,* a tumba de C.R. foi descoberta por acaso 120 anos depois da sua morte, quando restauravam a residência na qual viviam os Irmãos.

Estava em uma cripta sobre a porta da qual estava escrito: "Post CXX annos patebo" (após 120 anos, eu me abrirei). O que dá o ano 1604, já que C.R., nascido em 1378, teria morrido aos 106 anos...

A descrição da tumba ocupa um grande lugar na *Fama*. É considerada um "resumo do Universo".

É uma cúpula heptaédrica iluminada por um sol artificial.

No centro, há um altar circular que serve de pedra tumular e sobre o qual estão escritas sucessivamente, em círculos concêntricos, as frases: "Jesus é tudo para mim", "O vazio não existe", "O jugo da lei", "A liberdade do Evangelho", "A glória de Deus é intacável".

Em caixas, estão dispostos livros da Fraternidade, espelhos, campainhas, lâmpadas, partituras de cânticos.

Debaixo do altar, há o corpo intacto mumificado de C.R., que segura nas mãos o Livro T*, um pergaminho ornado de letras de ouro, "o maior tesouro da Fraternidade depois da Bíblia".

O relato termina pela divisa:

>Em Deus nós nascemos
>Em Jesus nós morremos
>Pelo Espírito Santo nós revivemos

A seguir, os autores da *Fama* contam que eles fecharam a tumba e se dispersaram de novo no mundo...

A personagem de Christian Rosenkreutz reaparece na *Confessio**, na qual o seu nome é dado pela primeira vez.

Depois nas *Bodas químicas**.

Mas ele então se tornou uma personagem falível, ferida, hesitante, muito diferente daquela dos manifestos. O que talvez indique, como sustenta Edhiggofer, uma vontade da parte de Valentin Andrea* de compensar Christian Rosenkreutz infalível e onipotente da *Fama** por uma figura mais cristã, mais próxima das suas convicções.

***

Pensou-se muito a respeito dessa personagem. Era uma figura histórica? Uma invenção de Valentin Andrea*? Um mito fundador, como aquele de Hiram na maçonaria? Ou ainda a retomada mítica de uma realidade histórica?

Segundo uma tradição relatada por Wittermans e retomada por Maurice Magre, o verdadeiro Christian Rosenkreutz teria pertencido a uma família cátara refugiada na Alemanha: a família Roesgen Germelshausen.

Nesse lugar, vivia uma pequena comunidade de hereges protegidos por um castelão.

Um dia, eles foram atacados. O castelo foi incendiado. Toda a família foi exterminada.

Só o filho mais novo, Christian, foi salvo pelo monge albigense que havia sido o instrutor da família.

Ele foi recolhido em um mosteiro que adotara as idéias cátaras. Lá ele foi educado e instruído.

Mais tarde, foi para o Oriente em busca da verdade com quatro monges. Na Turquia, depois na Arábia, desvendaram-lhe os segredos da Rosa-Cruz...

Rudolf Steiner* também acreditava na realidade histórica de Christian Rosenkreutz. Ele o teria visto por clarividência e, em uma das suas conferências, descreve-o como uma moço piedoso que foi, diz ele, educado por um colégio de 12 sábios, unindo a eles todos a totalidade dos conhecimentos que existiam na sua época. Certo dia, transmitiram esse conhecimento a Christian Rosenkreutz. Tal conhecimento se inscreveu na atmosfera espiritual da Terra e seria ele que estaria na origem da corrente rosacruciana...

***

Mas Edhigoffer pensa que a personagem de Christian Rosenkreutz foi composta por Valentin Andrea* a partir do seu avô Jacob Andrea, por quem ele sentia uma grande admiração, e de Lutero*, cuja obra de reforma social ele queria prosseguir.

Para afirmar isso, ele se apóia em uma análise cheia dos outros escritos de Valentin Andrea* e notadamente de alusões feitas na sua autobiografia. A

Fraternidade, escreve ele notadamente, foi "inventada por um espírito engenhoso, em uma idade que se entusiasma por tudo o que é insólito".

Ver *Fama*, Origem da Rosa-Cruz**.

ROSICRUCIAN FELLOWSHIP

Organização de inspiração rosacruciana fundada por Max Heindel* em 1909, em Seattle. Dizia-se que a Rosicrucian Fellowship era uma "associação de Mística cristã". A seguir, a sua sede mudou-se para Ocean Park, e finalmente,em 1911, para Ocean Side, na Califórnia, onde está ainda ativa. Esse lugar compreende uma clínica e um templo de 12 lados que simbolizam os 12 signos do zodíaco.

A Rosicrucian Fellowship dá cursos por correspondência, inspirados nos escritos do fundador, sobre a Cosmologia rosacruciana, os mundos invisíveis, a reencarnação, a vida *post mortem*, a evolução cósmica, etc. A Astrologia ocupa aí um grande lugar.

É concebida à imagem de uma religião e propõe cerimônias para casamentos, os enterros, etc.

É pedido aos membros que se abstenham de carne, álcool e tabaco.

As terapêuticas de inspiração espiritualista têm grande importância, e sessões de cura por imposição das mãos são regularmente organizadas.

Ver *Max Heindel**.

ROYAL SOCIETY

Academia científica inglesa oriunda do Invisible College. Foi fundada em 1660 e dirigida pelo grande químico e físico Robert Boyle (1627-1691) para continuar as pesquisas experimentais inauguradas por Francis Bacon*.

O seu amigo íntimo, o filósofo Locke, e o arquiteto sir Christophe Wren fizeram parte dela.

Ela serviu de modelo a Colbert para fundar a Academia das Ciências.

Sob a influência de Thomas Vaughan* e de Samuel Hortlib, ela foi fortemente marcada pelas idéias rosacrucianas.

Ver *Bacon (Francis)*, Vaughan (Thomas)*, Yates (Frances)**.

SAINT-GERMAIN (Conde de)*

Foi o senhor de Belle-Isle quem introduziu essa personagem estranha na corte de Luís XV, em 1758.

O conde de Saint-Germain encantou e intrigou a alta sociedade com as suas histórias maravilhosas e os seus múltiplos dons para a música (ele tocava muito bem o cravo e o violino), a pintura e as línguas: percebeu-se que ele falava fluentemente a maior parte das línguas européias, bem como o sânscrito, o chinês e o árabe. Mas era sobretudo a sua aura de mistério que fascinava. Ninguém sabia de onde ele vinha nem de onde provinha a sua fortuna. Ele dizia poder fazer crescerem os diamantes e as pérolas. Nunca o viram comer e ele efetuou

---

* N. E.: Sugerimos a leitura de *A Era de Ouro de Saint Germain — Guia Prático para a transmutação energética*, de Rodrigo Romo, Madras Editora.

duas transmutações de prata em ouro, uma das quais na presença de Casanova.

Segundo as memórias e as lembranças do tempo, ele era muito moreno, de pequeno porte, bem constituído e se exprimia em um francês muito puro com um leve sotaque italiano.

Os seus conhecimentos de Química eram imensos e ele havia instalado um pequeno laboratório destinado ao rei. Fez também pesquisas sobre as tinturas e montou em Tournai uma empresa para a tintura da seda e da lã.

Ganhara a confiança de Luís XV, que o enviou em missão diplomática secreta a Haia em 1759, para concluir a paz entre a França e a Inglaterra.

Repetidas vezes, ele tentou convencer a corte da necessidade de empreender reformas sociais — mas sem se fazer demasiadas ilusões, como prova a sua observação a um cortesão: "O problema é que vocês dão mais importância ao minueto do que ao destino da humanidade..."

Teve igualmente uma ação profunda sobre a Franco-Maçonaria*. Dava um ensino filosófico na Loja dos Filaletos, uma loja muitíssimo rosacruciana, e tentou reconciliar as diversas correntes.

Porém, o mais curioso é a sua pretensa morte em 27 de fevereiro de 1784, em um castelo do landegrave de Hesse Cassel*. Tal morte figura nos registros da igreja de Eckernfoerde, ao passo que os arquivos da Franco-

Maçonaria provam que ele participou das convenções maçônicas de Paris e de Wilhermsbad em 1784... um ano depois.

***

Atribuem-lhe muitas identidades, mas uma passagem das *Memórias* do landegrave Carlos de Hesse Cassel*, seu amigo e protetor de sempre, afirma: "Ele me dizia ser o filho do príncipe Rakoczi da Transilvânia e da sua primeira esposa, uma Tékély..." E isso é confirmado por uma carta do embaixador da Prússia a Dresde, o senhor de Alvensleben, que escreveu depois que conversou com ele: "Ele (o conde de Saint-Germain) se chama príncipe Rakoczi..."

Portanto, seria o filho mais velho de Francisco II Rakoczi, descendente dos reis da Transilvânia, e de Carlota Amélia de Hesse Rhein Felds.

Nascido em 1696, muito jovem ele foi tirado da família para ser educado na Itália na casa do último dos Medicis, o que explicaria o seu leve sotaque italiano.

Foi ele um rosa-cruz?

Possuía todas as características de um rosa-cruz. Perseguia um objetivo de reforma social em um sentido humanitário. Interessava-se muito de perto pela ciência experimental, mas também pela Alquimia* e pela Espagiria.

O fim do soneto filosófico que lhe é atribuído lembra curiosamente o fim das *Bodas químicas*: "Morro, eu adorava, eu não sabia mais nada".

E há também esse estranho vínculo com o landegrave de Hesse*, que parece ter perpetuado a função do seu ancestral: favorecer o movimento rosacruciano.

Ver *Hesse Cassel**.

SAINT-MARTIN (Louis-Claude de)

Nasceu em Amboise em 18 de janeiro de 1743. Foi primeiro advogado em Tour; depois, aos 22 anos, tornou-se oficial a serviço do duque de Choiseul. Em 1768, foi recebido franco-maçom na loja bordelesa dos cavaleiros maçons eleitos Cohen do Universo, na qual encontrou Martinez de Pasqually*. Muito marcado por esse primeiro mestre, pediu demissão logo do regimento de Foix ao qual pertencia para tornar-se o seu secretário. Tornou-se realista-cruz em 1772.

Mas rapidamente repreendeu o mestre por dar importância demais aos fenômenos. E depois da sua descoberta de Jacob Böhme, em 1788, largou os eleitos Cohen e todas as formas de Ocultismo para apregoar uma "via do coração", um contato direto e simples com a divindade.

Morreu em Aulnay em 14 de outubro de 1803.

***

No seu *Quadro natural das relações entre Deus, o homem e a natureza,* ele fica próximo das idéias de Martinez de Pasqually*. Como no *Tratado da reintegração,* há uma dupla queda. Antes de tudo, uma parte dos anjos se rebelou. Eram vigiados por Adão Kadmon, o homem original perfeito. Mas esse Adão cedeu, por sua vez, à tentação e foi expulso da esfera divina. É preciso, portanto, reencontrar esse estado primordial pela prece e pela meditação. Os homens que sentem em si esse apelo à reintegração são os "homens de desejo". Opõem-se à grande massa dos "homens da torrente".

A sua nova orientação mais mística se torna sensível com as suas obras posteriores: *O homem de desejo, O novo homem, Ecce homo.* Finalmente, em *O ministério do homem-espírito,* ele tentará conciliar os ensinos de *Martinez de Pasqually* com Jacob Böhme.

Louis-Claude de Saint-Martin não esteve diretamente ligado à Rosa-Cruz, mas influenciou muitos autores rosacrucianos e, paradoxalmente, ele está com certeza mais próximo do "espírito" de Valentin Andrea* e amigos do que os seus contemporâneos Martinez de Pasqually* e J.-B. Willermoz*.

SÂR HIÉRONYMUS

Seu verdadeiro nome era Émile Dantinne. Foi um dos principais dirigentes rosacrucianos belgas.

Nasceu em 19 de abril de 1884 em Huy (sobre a Meuse). Teve de interromper os estudos aos 16 anos para subvencionar as necessidades da família após a morte do pai. Entrou, portanto, para a administração dos telégrafos e telefones, onde trabalhou a vida toda.

A princípio, foi a poesia que o atraiu. Aos 20 anos, publicou a sua primeira coletânea, intitulada *Ritmos e doçuras*, logo seguida de *Baladas da decadência* e de *Elogios dos jardins e das tardes*. Continuou, aliás, a escrever textos literários, já que publicou dois romances, *Diekje entre os homens* e *O romance da esposa*, bem como uma antologia de contos, *Contos do vale de Hoyoux*.

Era também um lingüista autodidata admiravelmente dotado, posto que aprendeu italiano, espanhol, português, latim, grego, russo, árabe, hebraico. Mandou publicar em 1906 anotações sobre a gramática chinesa e, a partir de 1913, traduziu tabuinhas sumérias, depois relatos tibetanos, *Os contos de No-Rub-Can*. Com mais de 80 anos, ainda freqüentava as aulas de língua oriental na Universidade de Liège.

Em 1915, tornou-se o bibliotecário da sua cidade natal, o que lhe permitiu ter fácil acesso aos arquivos e publicar toda uma série de estudos sobre a história da sua região.

Mas, paralelamente a essa atividade visível, ele atuou a vida toda mais secretamente, o que o levou a fundar em 1923 a Ordem da Rosa-Cruz universitária* e a Rosa-Cruz interior*. Aderiu também com certo entusiasmo à Ordem martinista e fundou uma Ordem pitagórica.

Foi também por iniciativa sua que se reuniu em Bruxelas em 1932 uma federação de diversas Ordens iniciáticas que devia resultar na fundação da FUDOSI*.

O seu iniciador e mestre foi Joséphin Péladan*, que ele conheceu primeiro por meio dos seus livros, depois pessoalmente por ocasião de uma conferência deste último em Bruxelas. Ele o reviu várias vezes e freqüentou o pequeno grupo de discípulos (o círculo do hotel Ravenstein) que foi sem dúvida o núcleo original da *Rosa-Cruz universitária*.

Publicou alguns artigos na revista de Lausanne *Desconhecidas*, em particular um estudo sobre "a origem islâmica da Rosa-Cruz", em que ele sustenta que a fonte dessa fraternidade se encontra na seita ismailiana dos Irmãos da Pureza (nº 4, 1950). Em 1948, sai o seu livro maior: *A obra e o pensamento de Péladan*, verdadeira síntese da doutrina do seu mestre, comparável à obra de Bertholet*.

Durante a ocupação, ele se dedicou a alimentar os inúmeros indigentes no âmbito de uma associação humanitária, o Lar Leopoldo III.

Toda a sua vida ele permaneceu, como Péladan, um fervente católico e um realista naundorfista convencido. O seu adjunto, monsenhor André Cordonnier (Sâr Grégorius), era, aliás, o esmoleiro da família Bourbon-Naundorff da Holanda. Mas, ao mesmo tempo, ele militou sempre por uma Europa unificada.

Morreu em 21 de maio de 1969, com 85 anos, na sua cidade natal.

Todos os testemunhos louvam a sua modéstia, sabedoria, erudição, bondade, brilho e muitos pesquisadores o consideram um mestre. Spencer Lewis* e o seu filho, notadamente, ficaram muito impressionados com o caráter "luminoso" da personagem. O seu discípulo e amigo, o advogado Jean Mallinger* (Sâr Elgim), testemunhou os seus dons de magnetizador, radiestesista e o seu poder sobre os elementos. "Ele podia parar na hora a chuva e mandar as nuvens para uma outra região", afirma ele notadamente em um artigo da *Revista de magnetismo* (nº 29, set.-out. de 1979).

Ver *Rosa-Cruz universitária*, Rosa-Cruz interior*, FUDOSI*.*

SÉDIR

Pseudônimo de Yvon Le Loup. Nasceu em Dinan em 2 de janeiro de 1871. Mas durante a vida toda foi empregado no Banco da França, em Paris. Ainda jovem, conheceu Papus* na livraria do Maravilhoso, de Lucien Chamuel. Foi, imediatamente, notado pela seriedade da sua pesquisa, e logo publicou artigos e pequenas obras muito eruditas sobre os espelhos mágicos, as plantas mágicas, as encarnações, etc. Fez parte da Ordem Cabalística da Rosa-Cruz*, da Hermetic Brotherhood of Luxor*, da FTL* e de muitas outras organizações iniciáticas. A sua cultura esotérica era imensa, e, segundo testemunhos da época, ele estudava até mesmo entre dois clientes no banco...

Mas um dia depois do seu encontro com o mestre Philippe de Lyon, ele abandonou essa pesquisa, pediu demissão de todas as Ordens iniciáticas para seguir uma via puramente crística. Então, criou um movimento caritativo, as Amizades Espirituais, em que fazia conferências sobre o Evangelho.

Morreu em 3 de fevereiro de 1926. Repousa no cemitério de Saint-Vincent, em Montmartre.

O seu livro *História e doutrina dos rosa-cruzes* é com certeza aquele que melhor captou o "espírito" da Rosa-Cruz original.

Ver *FTL**.

SEMLER (Johann Salomon), 1725-1791

Teólogo protestante.

Embora fosse partidário das luzes, ele fez pesquisas sobre as origens da Rosa-Cruz. Na sua *Coletânea para servir à história dos rosa-cruzes*, ele pretende ter descoberto a existência, no século XIV, de um grupo de alquimistas e hermetistas que punham em comum a sua ciência para chegar à descoberta da pedra filosofal.

Eles se ocupava, também, de Filosofia e religião.

Segundo ele, essa Fraternidade estaria na origem do movimento rosacruciano.

Ver *Barnaud*, Massênia**.

SINCERUS RENATUS (Salomon RICHTER)

Ver *Rosa-Cruz de Ouro**.

SOCIETAS ROSICRUCIANA IN ANGLIA (SRIA)

Sociedade secreta fundada em 1865 ou 1866 por Robert Wentworth Little (1840-1878).

Ele era funcionário em tempo integral da Grande Loja Unida da Inglaterra e se tornou o seu tesoureiro por volta de 1866. Mas, com alguns outros mestres maçons, ele estava decepcionado pela falta de interesse acerca do oculto manifestado pela Franco-Maçonaria clássica.

Fez, primeiro, reviver uma Ordem maçônica esquecida: a Ordem de "A Cruz Vermelha de Roma e de Constantino"; depois, durante uma viagem a Edimburgo, ele recebeu uma iniciação em uma sociedade rosacruciana escocesa de inspiração maçônica que teria possuído o mais antigo grau da Rosa-Cruz maçônica. Essa sociedade, sobre a qual temos pouquíssimas informações, era dirigida por um certo Anthony O´Neal Haye.

Foi na sua volta que Little fundou a SRIA, sem o aval dessa organização.

A seguir, Wynn Westcott*, que se tornou o Supremo Mago da SRIA em 1892, garantiu que existia um vínculo com a *Rosa-Cruz de Ouro* do século XVIII. Segundo ele, Little teria encontrado antigos documentos em "arquivos rosacrucianos" que pertenciam à Grande Loja Unida da Inglaterra e provavam que um diplomata veneziano do século XVIII teria transmitido uma iniciação rosacruciana a alguns membros da Maçonaria inglesa. Seria essa organização que Little teria reativado. Mas Tom M. Greenvill provou que essas alegações não tinham nenhum fundamento e que a SRIA não tinha nenhuma relação direta com o movimento rosacruciano do século XVIII.

***

Dois dos membros mais importantes da SRIA foram *Kenneth R. H. Mac Kenzie* e Hardgrave Jenning.

Mac Kenzie era amigo de Little. Os dois eram maçons e se apaixonaram por *Eliphas Levi* e pelo tarô.

Hardgrave Jenning (1817-1890) é o autor de várias obras sobre a Franco-Maçonaria e o rosacrucianismo, notadamente *Os rosacrucianos, os seus ritos e os seus mistérios* (1870), que foi um dos primeiros a ligar a Rosa-Cruz à magia sexual. Idéias que exerceram, depois, grande influência sobre a *OTO* e a *H. B. of L.*

Outras personalidades também fizeram parte da SRIA, notadamente o pastor espírita Stainton Moses, que estudou Teologia no Monte Athos e foi membro influente da Sociedade Teosófica, Frederick Hockley, que praticava a Cristalomancia, e os médicos William Wynn Westcott* e William Woodman, que participaram da fundação da Golden Dawn*.

Quando Little morreu, em 1878, foi, aliás, Woodman que se tornou o "mago supremo". Depois a SRIA invadiu a França em 1880, a Alemanha em 1902, as Índias, a América do Sul e os Estados Unidos, onde ainda é representada. Nesse último país, o ramo mais ativo foi fundado em 1907 por J. C. Gould, que queria abrir a SRIA aos não maçons. A seguir, esse ramo foi dirigido por George Winslow Plummer (1876-1944), que era apaixonado por Mística cristã, e fundou a Santa Igreja ortodoxa. Quando ele morreu, Stanislas Witowski assumiu, em seguida a sua esposa Gladys, apelidada de "mãe Serena"...

Na Alemanha, os dirigentes foram Leopold Engel e Theodor Reuss, os fundadores da *OTO*.

A SRIA encontra-se, portanto, nos cruzamentos e talvez na fonte de duas sociedades secretas particularmente importantes: a *OTO** e a *Golden Dawn**.

***

A SRIA estava estritamente reservada aos mestres maçons e se exigia a fé cristã daqueles que dela faziam parte.

Segundo *A. E. Waite*, o número dos membros era fixado em 144, repartidos na Inglaterra entre Londres, Bristol e Manchester.

Era dividida em três ordens e nove graus. A primeira ordem compreendia os graus de Zelator, Theoreticus, Practicus, Philosophus. A segunda ordem, Adeptus junior, Adeptus major, Adeptus exemptus. A terceira ordem, Magister templi e Magus.

Essa divisão em nove foi com certeza retomada da Rosa-Cruz de Ouro* alemã e se encontrou na maior parte das organizações rosacrucianas posteriores (Golden Dawn*, OTO*, AMORC*, etc.).

Ver *Golden Dawn**.

SPERBER (Julius)

Profeta morto em 1616. Foi o conselheiro do príncipe calvinista Christian de Anhalt.

Em 1596, recebeu em sonhos a missão de anunciar tempos novos, o retorno de Elias, a era do Espírito Santo.

No seu livro *Wunderbuch* (o livro dos milagres), ele descreve em detalhes o sonho visionário em que viu as palavras: "Deglutirei o ardente estilhaço". Quando acordou, encontrou a passagem de Isaías em que o profeta é tocado na boca com um carvão ardente por um anjo, o que significava que ele devia profetizar.

Ele via essa "grande reforma" para o começo do século XVII, pois tudo havia mudado: a religião com Lutero, a Medicina com Paracelso, a Filosofia com Guilherme Postel... E só eram os primórdios de uma mudança muito mais radical.

Ele queria criar um colégio de sábios voltados para o estudo e a prece.

As suas idéias encontram-se em muitos autores que pertencem ao movimento rosacruciano, notadamente em Robert Fludd* e Michael Maïer*.

Nele, também, há uma filiação do conhecimento desde a origem.

Adão teria trazido um importante saber secreto do paraíso original. Foi esse saber que ele transmitiu aos Patriarcas. Em seguida, passou aos caldeus, aos egípcios. São João, São Paulo e mais tarde São Bernardo, Henrique Cornélio Agrippa*, Reuchlin, Guilherme Postel, Pico della Mirandola foram os seus depositários...

***

O seu livro só veio a público em 1615, mas circulava havia muito tempo em manuscrito, e ele acusou os autores dos manifestos rosacrucianos de terem roubado as suas idéias.

É verdade que ele teve grande influência sobre Tobias Hess*.

Ver *Joaquim de Fiore*, Tobias Hess**.

STEINER (Rudolf)

Nasceu em 25 de fevereiro de 1861 em Kraljevic, na parte croata do Império austríaco. O seu pai era telegrafista das estradas de ferro austro-húngaras. Ele queria fazer do filho um engenheiro, mas este fez estudos científicos. Porém, desde a idade de 14 anos, a sua verdadeira paixão era a Filosofia.

Recebeu menção no diploma do secundário em 1879 e, nesse mesmo ano, teve o primeiro encontro marcante da sua vida com um velho homem que colhia plantas medicinais para as farmácias locais. Esse homem percebia a realidade invisível da natureza e, graças a ele, foi levado a encontrar um mestre desconhecido sobre o qual nunca dirá nada, a não ser que o aconselhou a se familiarizar primeiro com a mentalidade científica.

Graças a uma bolsa, ele pôde inscrever-se no curso preparatório da Escola Superior de Ensino Científico.

Mas dedicava todo o seu tempo ao estudo da Filosofia. Aprofundava Kant, Hegel, Schelling e sobretudo Fichte, com quem partilhava muitas idéias, notadamente sobre o "Eu" como fundamento de todo conhecimento. Esse autor será, aliás, o fundamento da sua futura "filosofia da liberdade".

Durante todo esse período, ele seguiu cursos na Universidade de Viena. Para viver, dava aulas particulares e se tornou por um tempo preceptor.

Mas, já nessa época, ele tinha consciência do mundo espiritual e o seu grande problema era fazer coincidir essa realidade com o Universo racional, o invisível com o visível. E foi sem dúvida Goethe quem lhe permitiu estabelecer essa ponte.

Em 1883, ele tem 22 anos quando um dos seus professores o encarrega da publicação das suas obras científicas. Confiam-lhe, outrossim, o cuidado de redigir os prefácios e os comentários. É assim que ele fica conhecendo a abordagem da natureza do grande escritor alemão, e essa abordagem, a um só tempo intuitiva e racional, revelar-se-á extremamente frutuosa para o jovem Rudolf Steiner.

Graças a esse trabalho, seis anos mais tarde, é-lhe proposto colaborar na edição das obras completas de Goethe em Weimar. Portanto, deixa Viena e uma nova vida começa para ele.

Freqüenta a aristocracia, colabora em diversos jornais, redige críticas teatrais, textos literários ou filosóficos e até mesmos exposições públicas.

Em 1897, parte para Berlim, onde continua a participar ativamente da vida cultural e acaba por tornar-se redator da *Revista literária*.

Aos 38 anos, dá conferências na Universidade Pública de Berlim fundada por Liebknet. É um sucesso. Pouco depois, será levado a falar pela primeira vez de Esoterismo na residência do conde Brockdorff. Diante do interesse suscitado pelo tema, ele encadeia uma série de conferências; depois, como muito dos seus ouvintes são teósofos, ele adere à Sociedade Teosófica e se torna rapidamente o presidente do ramo alemão.

Embora a maior parte dos seus discípulos tenha tendência a negá-lo, é evidente que a Sociedade Teosófica teve grande influência sobre Rudolf Steiner. Todas as suas idéias sobre os mundos invisíveis, a aura, a clarividência, as hierarquias criadoras, a reencarnação, o carma, os anais "akásicos", etc. têm a sua origem em Madame Blavatsky. Apenas, como aliás ele próprio afirmou em algumas das suas conferências, ele se reclamou sempre a primeira parte da sua obra (*Ísis desvelada*) quando ela era ainda influenciada pelos mestres ocidentais da Fraternidade de Louxor*. Em compensação, ele sempre rejeitou o aspecto oriental da Doutrina

Secreta. Mas é verdade que Cristo tinha no seu ensino um lugar central que jamais teve na Teosofia, e a ruptura com Annie Besant (a presidente da Sociedade Teosófica) se deu por ocasião do "caso Krishnamurti". Atribuía-se a este último tornar-se o "corpo de encarnação" de Cristo por ocasião da sua segunda vinda. Rudolf Steiner não podia admitir isso. Pediu demissão e, pouco tempo depois, fundou a Sociedade Antroposófica.

Logo houve a necessidade de ter um local para reunir todas as atividades da sociedade. E Rudolf Steiner decidiu empreender a construção do "Goetheanum", um centro que ele concebeu e realizou como uma espécie de obra-prima. Pensou em cada detalhe: cúpulas, colunas, vitrais, capitéis, socos, portas, etc., para que refletisse a realidade espiritual. A primeira pedra foi posta em 20 de setembro de 1913 e o edifício foi todo feito de madeira, que Steiner considerava um material particularmente "vivo". Mas em 31 de dezembro de 1922, um incêndio de origem certamente criminosa o destruiu por completo.

Durante toda a última parte da vida, Steiner continuou a dar uma multidão de conferências por toda a parte na Europa. Respondia às perguntas de todos, desde as mais fúteis até as mais profundas. E quando a doença o impediu de falar, ele escreveu.

Morreu em 30 de março de 1924.

***

O que caracteriza a obra de Rudolf Steiner é a sua diversidade. Não recobre simplesmente a Espiritualidade e o Esoterismo, mas se aplica também a áreas tão variadas quanto a Medicina, a Agricultura, a Pedagogia, a arte.

Pois, para Steiner, o homem deve equilibrar o céu e a terra, as forças místicas que o puxam "para o alto" e a matéria. Deve sempre encarnar as realidades do mundo espiritual. Nisso, está próximo dos primeiros rosa-cruzes que também se apaixonavam a um só tempo pelas descobertas da ciência nascente, pelos progressos da técnica e pela mais pura mística.

Rudolf Steiner, aliás, sempre reclamou da Rosa-Cruz, e os seus vínculos com essa corrente transparecem em toda a sua obra. Uma das meditações que ele preconiza no seu livro sobre a iniciação consiste precisamente em visualizar uma cruz negra sobre a qual florescem cinco rosas vermelhas. Ele comentou longamente as *Bodas químicas** em 1917-1918 e fez conferências sobre Christian Rosenkreutz* (que ele teria visto por clarividência). Foi também iniciado na Rosa-Cruz esotérica de Franz Hartmann (um dos principais dirigentes da Sociedade Teosófica). Eles se separaram logo, mas então ele fundou, na Sociedade Antroposófica, um círculo interno intitulado Franco-Maçonaria esotérica, composto de três graus e que praticava um ritual de iniciação muito antigo.

Ao fim desse percurso, os iniciados recebiam das próprias mãos de Steiner uma rosa-cruz de ouro.

STUDION (Simon)

Profeta que influenciou Tobias Hess*, o provável autor dos manifestos rosacrucianos.

Nasceu em 1543 em Urack, no Wurtemberg.

Foi recebido mestre em Tübingen em 1565 e trabalhou como preceptor em Marback e em Ludwigsburgo.

Foi, durante um tempo, protegido pelo duque de Wurtemberg, que era apaixonado por Esoterismo.

Redigiu uma obra intitulada *Naometria* (A Medida do templo), que jamais publicou, em que ele calcula que entre 1560-1590 começaria o tempo do Espírito Santo. E essa "nova reforma" seria a obra dos Cruci Signati*.

Ver *Fiore (Joaquim de)*, Hess (Tobias)**.

SWEIGHART (Theophilus)

Wittermans afirma que não passa dos muitos pseudônimos de Ireanaeus Agnostus*.

Mas sabemos agora que não é nada disso.

O seu verdadeiro nome era Daniel Mögling. Descendia de uma antiqüíssima família de médicos de Tübingen e ele próprio foi médico. Exerceu na cidade de Constância antes de se tornar, na seqüência, o médico pessoal do landegrave de Hesse*. Era também amigo pessoal de Valentin Andrea*.

Sédir fala dele como de um dos grandes apóstolos da Rosa-Cruz.

Publicou em 1617, em Constância, um *Espelho sofístico Rhodo-Staurótico, ou ampla descoberta do colégio e dos axiomas da Fraternidade especialmente iluminada de Christian Rosa-Cruz, etc.*

Sédir * traduziu algumas passagens dessa obra que mostram o caráter profundamente místico do homem: "Entra em ti mesmo, repousa as coisas deste mundo, considera os dois velhos tratados de Thomas a Kempis... observa a sua direção. Se fizeres isso, já serás meio rosa-cruz... e um Irmão se apresentará logo em pessoa..." (p. 62).

"A alma humana tem dois olhos: o direito é o meio de ver no Eterno, lá está o Ergon; o esquerdo vê no tempo e as diferenças das criaturas, o que é o melhor ou o pior para a vida do corpo; lá está o Parergon. Quando o olho direito vê o Eterno, o outro olho fica como morto, e reciprocamente. Tal é a sabedoria rhodostaurótica" (p. 91).

SIMBOLISMO DA ROSA-CRUZ

Essa aliança da rosa com a cruz está presente com certeza para muitos na fascinação exercida pelos diversos movimentos rosacrucianos.

Ligar a rosa à cruz é ligar duas "energias" a um só tempo opostas e complementares: uma forte, dura, sólida, a cruz; a outra frágil, doce, efêmera, a rosa.

A cruz é a estabilidade, pois o quaternário é a fonte de toda medida. Permite orientar-se, recortar o espaço definindo os quatro pontos cardeais e, portanto, medir o caos.

Mas estamos igualmente crucificados na cruz do mundo e os quatro ramos da cruz são as quatro tendências, os quatro elementos que nos encarnam, ligam-nos e nos encadeiam à roda do devir.

O centro da cruz é o céu, a centelha criadora, o verbo, o lugar em que duas energias contrárias representadas por dois ramos verticais e horizontais se unem para criar ou libertar.

É lá que se situa habitualmente a rosa, que é por isso o coração, o cálice, o Graal que recebe o vinho da eternidade.

Quando é vermelha, torna-se símbolo de regeneração, e os alquimistas a associam à pedra filosofal...

***

Os antigos rosa-cruzes falavam "de alcançar a rosa pela cruz". Pois a cruz é também o cadinho em que se opera a crucificação, onde o discípulo é esmagado, "reduzido", para que possa operar-se a transformação que o levará ao centro, à rosa. É a obra em negro que precede a obra em branco.

É, portanto, o símbolo dinâmico de uma metamorfose levando ao centro, ao paraíso, que é esse "jardim das rosas" dos místicos sufis.

***

A rosa unida à cruz simboliza também o adepto; os quatro elementos, as quatro forças fundamentais reintegradas em torno da rosa mística central. Pois a rosa-cruz unifica nele a terra (o quaternário, a cruz) e o céu (a rosa). O que remete ao simbolismo do selo de Salomão, que é também um sinal de realização, de domínio, em Maçonaria e no companheirismo, por exemplo.

***

Mas há uma outra interpretação do símbolo da Rosa-Cruz, que não exclui, diga-se de passagem, os outros.

Na *Consideratio brevis* que acompanha o texto da *Confessio**, aparece a seguinte frase: "Que Deus te conceda o orvalho do céu e a abundância da Terra".

Assim, a rosa seria *ros*, o orvalho, o dissolvente universal, e teria um significado alquímico, já que os alquimistas se chamavam por vezes de "Irmãos do Orvalho-cozido"...

***

De um ponto de vista histórico, a crítica moderna pensa que Valentin Andrea* imaginou essa aliança entre a rosa e a cruz a partir das armas da sua própria família.

Tais armas foram concedidas ao seu avô Jacob Andrea em razão de seus méritos e compostas para ele, a partir da cruz de Santo André (em referência ao seu nome) e de rosas como marca de deferência para com Lutero* (que tinha rosas nos seus próprios brasões)...

Ver *Lutero*.

Theca gladii spiritus (a bainha do gládio do Espírito)

Coletânea de sentenças que veio a público anonimamente em Estrasburgo, em 1616.

O editor assegura que elas foram reencontradas nos papéis de Tobias Hess* após a sua morte.

Como bem mostrou Edhigoffer, encontram-se nesse livro passagens da *Confessio**. Mas o autor eliminou todas as referências ao maravilhoso, todas as alusões aos rosa-cruzes para insistir nas virtudes evangélicas, a Sagrada Escritura, Cristo que deve ser o centro do edifício construído pelo cristão.

As outras sentenças provêm das obras de Andrea* e talvez tenha sido ele quem compôs o conjunto.

É uma tentativa "de evangelizar" a *Confessio**.
Ver *Andrea (Valentin)**, *Hess (Tobias)**.

THÉON (Max)
Ver *Hermetic Brotherhood of Luxor**.

TOSÃO DE OURO (ORDEM DO)
Ver *Rosa-Cruz de Ouro**.

TRITHÈME (Jean)
Pseudônimo de Johann von Heidenberg.

Nasceu em 1462 em Trittenheim, à margem do Mosela, perto de Trèves. O apoio do tio materno lhe permitiu entrar na universidade dessa cidade. Como H. C. Agrippa*, ele formou muito jovem uma sociedade secreta com alguns amigos estudantes, que eles chamaram de Sodalitas celtica (confraria céltica).

Mas o acontecimento marcante que ia determinar a seqüência da sua vida se deu em 25 de janeiro de 1482. Nesse dia, ele voltava para ver a mãe quando foi pego por uma tempestade de neve que o obrigou a parar no mosteiro beneditino de Spanheim. Decidiu ficar e, em 2 de fevereiro de 1482, aos 20 anos, ele deixou o hábito secular para se tornar monge. Começou o seu noviciado em 21 de maio e se tornou professo em 21 de novembro. Depois, muito rápido, os acontecimentos se precipitaram. Tendo sido o abade do mosteiro chamado para uma outra função, ele foi eleito para sucedê-lo em 29 de julho de 1483, com 21 anos.

Logo começou um grande trabalho de renovação, material e moral. Pois não somente os edifícios caíam em ruínas, mas os monges se deixavam viver completamente desnudados de ideal espiritual.

Ele restabeleceu, primeiro, as contas do mosteiro, depois reinstaurou uma regra de vida estrita mais conforme ao estado monástico e a um trabalho regular. Orientou toda a atividade dos monges sobre a cópia dos manuscritos, desde a preparação do pergaminho até a iluminura. Logo, o mosteiro possuiu uma das bibliotecas mais célebres da Germânia, constituída de mais de dois mil volumes em latim, em grego e mesmo em hebraico. Teólogos, estudantes, príncipes vinham consultá-la, notadamente o célebre Johannes Reuchlin, o tradutor das obras de Hermes Trismegisto, que vivia na corte de Cosme de Medicis.

O próprio Trithème escrevia obras edificantes sobre os grandes santos da Ordem de São Bento, os milagres da Virgem Maria ou ainda sobre obras ascéticas.

Mas, paralelamente a essa piedosa atividade, ele tinha muito certamente uma vida mais secreta, já que, em 1498, foi interceptada uma carta em que ele confiava ao seu amigo Arnold Bostins estar escrevendo a sua famosa esteganografia, uma obra em que ele ensinava "muitos segredos e mistérios pouco conhecidos". Nessa mesma carta, ele se vangloriava também de poder transmitir a sua vontade a distância e de comunicar-se por "telepatia". Disso se concluiu que ele praticava a Magia ou até mesmo a Feitiçaria. Por mais que se tenha defendido junto a João de Westerburg, afirmando ter estudado os livros dos mágicos unicamente para refutá-los, o rumor só aumentou... O que não impediu o imperador Maximiliano de convidá-lo ao seu castelo de Boppart, perto de Coblença, em 1505, para submeter-lhe perguntas sobre a fé.

Mas os monges não suportavam mais o rigor que ele lhes impunha e eles aproveitaram uma das suas ausências em Heidelberg, na residência do conde Paladino do Reno, para se revoltar contra ele. Portanto, teve de abandonar o seu cargo e foi nomeado prior da abadia São Tiago de Wurzburgo em 3 de outubro de 1506, onde se consagrou aos estudos pelo resto dos seus dias.

Morreu em 15 de dezembro de 1516 e foi enterrado na Igreja do mosteiro.

***

O fundamento da sua doutrina parece ter sido a Cabala e, em particular, a Angeologia. O *Septem secundis* (tratado das causas segundas), vindo a público em 1515, é aliás uma aplicação da Angeologia a uma concepção cíclica da história.

Cada ciclo é governado sucessivamente por um dos sete anjos durante um período de 354 anos e quatro meses. Há três desses ciclos, portanto, 21 períodos que recobrem a totalidade da história da humanidade, desde a criação até a parusia, que devia produzir-se, segundo Trithème, em 2235. Dessa forma, o primeiro período é dominado pela influência de Orifiel, o anjo de Saturno; o segundo, por Zacariel, o anjo de Júpiter; a terceiro, por Samael, o anjo de Marte; o quarto, por Miguel, o anjo do Sol; o quinto, por Anael, o anjo de Vênus; o sexto, por Rafael, o anjo de Mercúrio; o sétimo, por Gabriel, o anjo da Lua.

Graças ao conhecimento desses ciclos, ele chega a predizer "o estabelecimento de uma nova religião", dois anos antes da secessão de Lutero.

Mas os seus livros mais célebres são certamente *A Poligrafia*, publicada em 1518, dois anos depois da sua morte, e *A Esteganografia*, que foi proibida pelo Santo Ofício em 7 de setembro de 1609. São, de fato, os primeiros livros que tratam das técnicas de criptografia. Um sem-número de procedimentos por muito tempo desiguais são propostos para cifrar documentos. Um deles utiliza, por exemplo, a transposição que consiste em substituir uma letra pela que a precede, b por a, c por b, etc. Obtém-se, assim, um outro alfabeto. Ou, a cada letra, faz-se corresponder uma palavra. Basta, então, introduzir essas palavras em uma carta anódina para compor uma mensagem insuspeitável. Mas, na última parte de *A Esteganografia*, ele dá também listas de alfabetos mágicos, alquímicos, etíopes, etc.

Procurou-se, em vão, um sentido escondido nessas duas obras estranhas. Observou-se, notadamente, que o início de *A Esteganografia* era dividido em 32 capítulos correspondentes aos 32 caminhos da Sabedoria. Mas a impressão que dá a leitura desse livro é mais a de uma pura fascinação pela língua, que culmina na invenção dos alfabetos tetragramáticos, eneagramáticos, etc. Como se o autor estivesse tomado de uma "embriaguez criadora". Pois não se deve esquecer que, na Cabala, Deus cria o mundo pelo Verbo. A palavra é, portanto, mágica, e inventar linguagens é criar universos...

Esses dois livros exerceram grande influência sobre os movimentos rosacrucianos desde a origem até a SRIA*, onde o irmão Cryptonimus (Mac Kenzie*) cifrou, segundo os princípios dados por João Trithème, os documentos que serviram para fundar a Golden Dawn*.

Ver *Criptografia*, Golden Dawn**.

TURBO

Comédia de Valentin Andrea*, publicada sob um pseudônimo.

Põe em cena um adepto, Beger (anagrama de Geber), "filho da sabedoria, neto de Hermes", herdeiro do monge alquimista Chiméron. Este último multiplica os milagres: voar nos ares, habitar as estrelas, curar todas as doenças, falar todas as línguas.

Esse texto ridiculariza as crenças suscitadas pela publicação dos primeiros escritos rosacrucianos.

Ver *Andrea (Valentin)**.

Turris Babel (a torre de Babel)

Obra de Valentin Andrea* publicada em 1619, no mesmo ano em que a *Mitologia cristã* e *Cristianópolis*.

É uma comédia em 25 atos.

Andrea* zomba com humor e ironia dos ingênuos que acreditam na "ficção rosacruciana", e notadamente nos poderes maravilhosos atribuídos aos rosa-cruzes nos manifestos.

Ele opõe, finalmente, a verdadeira fraternidade cristã daqueles que seguem a palavra do Evangelho à pseudofraternidade dos rosa-cruzes.

Ver *Andrea (Valentin)**.

UNZERTRENNLICHEN (ORDEN DER): ORDEM DOS INSEPARÁVEIS

Sociedade secreta fundada em 1757 por proprietários de minas e de fundições.

O objetivo principal era o estudo e a prática da Alquimia*.

A iniciação compreendia cinco graus. Os adeptos dos dois primeiros usavam uma cruz de prata; os outros, uma cruz de ouro.

As atas das experiências alquímicas eram mantidas em uma "arca", um cofre secreto.

Durante as suas reuniões, eles usavam um simbolismo muito rico: o Sol, a Lua, as Estrelas, um compasso, uma figura de mulher que representava a Pansofia, um círculo, três esferas, um crânio, uma ampulheta.

Falavam da subida dos sete degraus para a fonte de sabedoria nos termos próximos dos gnósticos...

Arquivos sobre essa sociedade existiam antes da última guerra nas Lojas maçônicas alemãs (em Berlim e em Alterburgo).

Segundo Mac Intoch, Valentin Andrea* talvez tivesse feito parte dessa Ordem, e os Inseparáveis seriam o vínculo entre os primeiros rosa-cruzes e a Rosa-Cruz de Ouro* de Sincerus Renatus*.

Ele ressalta que, na cidade de Halle, onde este último estudara, havia uma loja dos Inseparáveis chamada Sincera Confederation, de onde o pastor Salomon Richter teria tirado o seu pseudônimo (*Sincerus Renatus*).

Mas isso é apenas uma hipótese, e os primeiros rosa-cruzes consideravam Alquimia* uma arte inferior, o que torna difícil uma filiação real...

Ver *Rosa-Cruz de Ouro**.

UTOPIA

A crença em uma sociedade ideal ocupa um lugar central em todo o pensamento rosacruciano. O círculo de Tübingen*, com Valentin Andrea* e amigos, foi muitíssimo influenciado por Campanella* e Joaquim de Fiore*. Eles partilhavam da crença do monge calabrês na vinda próxima do reino do Espírito Santo. Valentin Andrea* desenvolveu essas idéias na sua *Cristianópolis**. Ele sonhou com uma sociedade ideal em que a propriedade individual não existiria, em que cada qual teria a possibilidade de se desenvolver em um trabalho que não seria degradante, em que não subsistiria nenhuma aristocracia, a não ser a do mérito. No entanto, essa utopia não era uma forma de Comunismo, pois ficava centrada em Cristo e pedia uma reforma moral dos indivíduos em um sentido evangélico, antes de qualquer modificação econômica. Mas é verdade que essa crença na vinda do reino do Espírito Santo era corrente no século XVII na Alemanha, pois muitos consideravam a Reforma de Lutero* os primórdios de uma mudança muito mais radical da sociedade que preludiaria o fim da história.

Ver *Cristianópolis*, Fiore (Joaquim de)*, Campanella**.

VAL (Árcade do Oriente)

Teria sido um dos membros importantes da Rosa-Cruz de Toulouse*. A sua vida é sobretudo conhecida pelo livro de Simon Brugal (Firmin Boissin*), *Excêntricos desaparecidos* (1890).

Teria nascido em Perpignan em 1790. É, portanto, da mesma geração que o visconde de Lapasse*.

A princípio relojoeiro, depois joalheiro, ele se instalou em Paris, onde fez rapidamente fortuna e se tornou um rico proprietário, o que lhe permitiu editar as suas obras por conta do autor.

Passava o tempo livre tornando-se culto, e aprendeu muitas línguas mortas ou vivas: latim, grego, inglês, etc., mas também Teologia, História, Física. Profundamente católico e realista, considerava Voltaire o Anticristo do século XVIII. Era também vegetariano, pois sustentava que o homem se animaliza comendo carne. No bairro Saint-Sulpice, onde ele morava, tinha o apelido de "o homem do Bom Deus", por causa da sua grande generosidade.

Na sua obra *Sinas da alma* (1846), ele tenta fundamentar a reencarnação sobre a Bíblia e os Pais da Igreja.

O cumprimento das profecias (1847-1857) se opõe à revolução e a todas as formas de Socialismo. É também o autor de coletâneas de poemas: *A morte de Cristo* (1864) e *Do Apocalipse ou o triunfo da Igreja* (1867).

Predisse a queda do Império otomano e o retorno dos judeus à Palestina.

Ver *Rosa-Cruz de Toulouse**.

VAUGHAN (Thomas), 1612-1666

Pode ser considerado o sucessor de Robert Fludd*. Pertencia a uma família da nobreza galesa.

Foi, a princípio, um cientista, amigo do químico e físico Robert Boyle, o dirigente da Royal Society.

Foi ele quem traduziu a *Fama* e a *Confessio* para o inglês em 1652, embora afirmasse sempre não ter tido nenhuma relação com os membros da Fraternidade.

Mas, no seu prefácio, ele pretende possuir a prova da existência dos rosa-cruzes. E, mais adiante, ele diz ter encontrado a origem da sua sabedoria no Oriente, na sabedoria dos brâmanes.

No seu livro *Lumen de lumine* (1651), ele fala "de uma montanha invisível situada no centro do mundo, onde estão escondidos os maiores tesouros..."

Sob o nome de Eugenius Philalethe, ele publicou uma *Antroposophia Theomagica*. Depois dessa obra, o platônico Henry More escreveu, sob o nome Alazonomastix Philolethes (alusão ao pseudônimo de Vaugham), *Observations upon Anthroposophia Theomagica* (1650), violentamente oposto ao livro de Vaughan.

Seguiu-se uma longa polêmica com livros interpostos que terminou em 1651 com a obra de Vaughan: *The Second Wash, or the More Scoure Once More* (A segunda passada de sabão ou More limpo de novo)...

WAITE (ARTHUR EDWARD)

Uma das figuras mais conhecidas do Ocultismo inglês. Escritor rosacruciano prolífico, é notadamente o autor de *Real Story of the Rosy-Cross* e de *Brotherhood of the Rozy Cross*.

De origem católica, ele começou a se interessar pelo Espiritismo, depois pelo Hermetismo. Em 1891, aderiu à Golden Dawn*, deixou-a, depois retornou em 1896. A sua divisa na ordem era "Sacramentum Regis". Em 1901, tornou-se maçom e membro da SRIA. Em 1903, era o dirigente do templo de Ísis Urânia da Golden Dawn*, mas se sentia ainda profundamente cristão e tentou modificar os rituais para um sentido mais místico. A sua reforma desagradou muitos membros e, em 1914, ele teve de fechar o templo e criar a sua própria Ordem, o Fellowship of Rosy-Cross* (Fraternidade da Rosa-Cruz).

Waite também dirigia uma ordem rosacruciana interior muito secreta, a Ordo Sanctissimus Rosae e Aureae Crucis, cujo número de membros não podia passar de seis.

Ver *Golden Dawn**, *Fellowship of the Rosy-Cross**.

WESTCOTT (WILLIAM WYNN), 1848-1925

Foi médico legista do norte de Londres. Francomaçom, também fez parte dos Teósofos Iluminados (um Rito Swedenborg) e da August Order of Light, uma sociedade iniciática de origem oriental que usava os serviços de um médium. Juntou-se à SRIA* em 1890 para tornar-se o seu Mago Supremo em 1891.

Mas foi sobretudo um dos três fundadores da Golden Dawn*. A sua divisa na ordem era "Sapere Aude".

Calmo, erudito, foi, diga-se de passagem, o venerável da Loja de Pesquisa Histórica dos quatro coroados.

Foi viver na República Sul-Africana, onde se tornou um dirigente local da Sociedade Teosófica.

Foi nesse país que ele morreu, em 1925.

Ver *SRIA**, *Golden Dawn**.

WILLERMOZ (Jean-Baptiste)

Foi um dos principais representantes da Maçonaria espiritualista no século XVIII.

Nasceu em 10 de julho de 1730 em Saint-Claude. O primogênito de 12 filhos, pertencia a uma família da grande burguesia lionesa que fabricava e vendia estofos de seda e vestimentas. Durante toda a sua vida, manteve, aliás, um espírito prático, concreto e chegou até mesmo a entrar em conflito com o seu mestre Martinez pela história de um vestido não pago.

Muito jovem, é iniciado na Maçonaria, e é aos 22 anos que ele se torna venerável.

A sua irmã mais velha, senhora Provensal, e o seu irmão, o dr. Pierre-Jacques, também se ocupavam do Ocultismo. Em 1763, ele fundou com este último o conclave dos cavaleiros da Águia negra, que praticavam ativamente a Alquimia.

Foram Bacon da Cavalaria e o marquês de Lusignan que o orientaram. J. B. Willermoz será fiel ao "mestre" *Martinez de Pasqually* por toda a vida apesar das relações difíceis. Depois da morte de Martinez, ele tentou "cristianizar" a sua doutrina, pois continuava sendo um católico praticante.

Mais tarde, entrou em contato com a Rosa-Cruz de Ouro* alemã e se correspondeu com o príncipe Carlos de Hesse*. Eles vislumbraram até mesmo por um momento montar juntos uma fábrica de tecidos.

Durante o mesmo período, afiliou-se à ordem da Estrita Observância templária, que deu nascimento aos Cavaleiros Beneficentes da Cidade Santa (CBCS), onde se praticava o Rito Escocês Retificado, que foi adotado no *fórum* de Lyon, em 1778.

O rito comportava os três graus clássicos da Franco-Maçonaria, um quarto do mestre escocês de Santo André. Depois, dois graus de cavaleiro: escudeiro noviço e cavaleiro beneficente da Cidade Santa. Enfim, uma "classe secreta", com os graus de professo e de grão-professo.

Nesse período, Willermoz cristalizava todas as correntes da Franco-Maçonaria espiritualista, que se opunha à corrente "racionalista".

Quis confederar juntos todos esses movimentos, e um *fórum* foi organizado para 16 de julho de 1782 em Wilhelmstrad, por iniciativa sua.

As idéias e as inovações de Willermoz puderam, assim, espalhar-se pela Itália, Rússia e Alemanha.

Mas Willermoz e a maior parte dos Grão-Professos ficaram profundamente perturbados pelas "revelações magnéticas" de uma visionária chamada Gilberte Rochette e pelas profecias da senhora da Vallière...

A seguir, vieram a tormenta revolucionária e o Terror. Obrigado a se esconder, Willermoz refugiou-se no Ain, onde desposou, em 19 de abril de 1796, aos 66 anos, a dama de companhia da sua irmã, Jeannette Pascal, que tinha 24 anos.

Com a volta de uma vida mais normal, ele ocupou o posto de conselheiro geral do departamento do Rhône a partir de 1800.

Finalmente, morreu em 1824 com 94 anos.

***

Foi Willermoz quem fundou, com o barão de Turckheim, os Cavaleiros Beneficentes da Cidade Santa, em que existe o grau de cavaleiro rosa-cruz, que tem por emblema a Fênix e o Pelicano. Mas, em uma carta a Carlos de Hesse*, ele acha, entretanto, os realistas-cruzes (grau supremo dos Eleitos Cohen de Martinez de Pasqually*) superiores aos rosa-cruzes, pois, diz ele, enquanto os segundos agem sobre os "espíritos elementares", os realistas-cruzes agem diretamente sobre o espiritual (cf. Le Forestier).

WOODMAN (William R.)
Ver *SRIA*, Golden Dawn**.

YATES (Frances Amelia), 1899-1981

Historiadora inglesa especialista em Renascimento. Após estudos de francês, ela entrou em 1941 no Warburg Institute. Será enobrecida em 1977.

Defendeu várias teses interessantes e originais sobre os movimentos rosacrucianos.

Publicou, primeiro, um estudo sobre Giordano Bruno, *Giordano Bruno and the Hermetic Tradition* (Giordano Bruno e a tradição hermética), em 1964. Segundo essa obra, ele teria constituído na Alemanha uma seita de giordanistas que teria influenciado os luteranos e poderia ter um vínculo com o movimento rosacruciano.

No seu livro mais célebre, *The Rosicrucian Enlightenment* (A luz dos rosa-cruzes) publicado em 1972, ela dá grande lugar à Inglaterra e notadamente a John Dee* no nascimento da "idéia" rosacruciana. Ressalta o papel de Comenius* por ocasião da sua estada na

Inglaterra. Ele teria servido de intermediário entre Valentin Andrea* e teólogos favoráveis às idéias rosa-crucianas como Samuel Hartlib, e estaria notadamente na origem da fundação da *Royal Society**. Ela mostra, outrossim, que Francis Bacon* conhecia e usava a *Fama* e a *Confessio*.

Temas que serão retomados na última obra importante publicada pela nossa autora: *The Occult Philosophy of the Elizabethan Age* (A Filosofia Oculta na Era Elisabetana), publicada em 1979.

Ver *Dee (John)*, Comenius*, Royal Society*, Bacon (Francis)**.

ZANONI, o mestre rosa-cruz

Como preâmbulo a esse grosso romance de Bulwer Lytton*, assistimos ao encontro, em uma velha livraria de Covent Garden, entre um rapaz em busca da verdadeira origem dos rosa-cruzes e um venerável velhinho. Este lhe propõe dirigir as suas pesquisas. Quatro dias depois, ele o encontra de novo ao pé da colina de Hightgate, que domina Londres, e adquire o hábito de ir visitá-lo. O velho homem conversa com ele sobre os rosa-cruzes que "prosseguem sempre em segredo a sua busca", mas também sobre Pitágoras, Appolonius de Thyana e sobre essa "faculdade superior ao entendimento que existe na alma".

Confia-lhe também que escreveu um manuscrito sobre esses assuntos. Dar-lhe-á o manuscrito no tempo devido.

Efetivamente, ele o recebe pouco depois da morte do velho homem.

A obra revela-se ser a história de Zanoni e do seu mestre Mejnour. São os dois únicos sobreviventes de uma antiqüíssima Fraternidade. Prolongaram a vida graças a um elixir. Mas, se Mejnour é uma "pura abstração", indiferente à humanidade, Zanoni apaixona-se por Viola, a filha do músico Gaetans Pivai. Em conseqüência, ele perde aos poucos a imortalidade, pois "os desejos terrestres o excluem dos segredos que só a inteligência purificada de todo elemento material pode penetrar e contemplar". Finalmente, ele se sacrificará pela sua bem-amada e acabará guilhotinado durante o Terror.

ORIENTAÇÃO BIBLIOGRÁFICA

AMBELAIN, Robert. *Templiers et Rose-Croix*. S.l.p.: Éd. Adyar, 1955.

AMBELAIN, Robert. *Sacramentaire du rose-croix*. S.l.p.: La Diffusion Scientifique, 1964.

ANDREA, Valentin Johann. *Les noces chymiques.* S.l.p.: Prisme, 1973 (tradução e notas de Serge Hutin).

ARNOLD, Paul. *La Rose-Croix et ses rapports avec la*

franc-maçonnerie. S.l.p.: Maisonneuve et Larose, 1970.

BAYARD, Jean-Pierre. *Spiritualité de la Rose-Croix*. S.l.p.: Dangles, s.d.

BERNARD, Raymond. *Les Maisons secrètes de la Rose-Croix*. S.l.p.: Éd. Rosicruciennes, 1970.

BERTHOLET, Édouard. *Lettres inédites de Stanislas de Guaita au Sâr Joséphin Péladan*. S.l.p.: Éd. Rosicruciennes, 1952.

BULWER LYTTON, Edward Georges. *Zanoni, le maître rose-croix.* S.l.p.: La Table d'Émeraude, s.d.

CAILLET, Serge. *Sâr Hiéronymus et la FUDOSI.* S.l.p.: Cariscript, 1986.

DE SÈDE, Gérard. *La Rose-Croix*. S.l.p.: J'ai lu, 1978.

EDIGHOFFER, Roland. *Les Rose-Croix*. S.l.p.: PUF, 1982.

———. *Rose-Croix et société idéale selon Johann Valentin Andrea.* S.l.p.: Arma Artis, 1982.

FAIVRE, Antoine. *L'Ésoterisme au XVIII ème siècle.* S.l.p.: Seghers, 1973.

FRÈRE, Jean-Claude. *Vie et mystère des rose-croix.* S.l.p.: Mame, 1973.

GALTIER, Gérard. *Maçonnerie égyptienne rose-croix et néo-chevalerie.* S.l.p.: Éd. du Rocher, s.d.

GIUDICELLI DE CRESSAC BACHELERIE, Jean-Pierre. *Pour la Rose rouge et la Croix d'or.* S.l.p.: Axis Mundi, 1988.

GORCEIX, Bernard. *La Bible des rose-croix*. S.l.p.: PUF, 1970.

HARTMANN, Franz. *Une Aventure chez les rose-croix*. S.l.p.: L'Or du temps, 1981.

HEINDEL, Max. *Cosmogonie des rose-croix*. S.l.p.: s.e., 1959.

HUTIN, Serge. *Histoire des rose-croix*. S.l.p.: Le Courrier du livre, 1971.

INTROVIGNE, Massimo. *La Magie, les nouveaux mouvements magiques*. S.l.p.: Droguet Ardant, 1993.

KNIGHT, Gareth. *La Rose-Croix et la déesse Ediru*. S.l.p.: s.e., s.d.

LE FORESTIER. *La Franc-Maçonnerie templière et occultiste*. S.l.p.: La Table d'Émeraude, s.d.

LEWIS, Spencer, *Histoire complète de l'ordre de la Rose-Croix*. S.l.p.: Éd. Rosicruciennes, 1978.

LEWIS, Spencer. *Les Secrets de la Rose-Croix*. S.l.p.: Éd. Rosicruciennes, 1971.

MAC INTOSH, Christopher. *La Rose-Croix dévoilée*. S.l.p.: Dervy, 1981.

MARIEL, Pierre. *Secrets et mystères de la Rose-Croix*. S.l.p.: s.e., 1976.

NOUVEAU-PIOBB. *La Rose-Croix johannite*. S.l.p.: Omnium littéraire, 1960.

RANC, Paul. *La Rose-Croix, mythe ou réalité?*. S.l.p.: Éd. du Rocher, 1985.

SÉDIR. *Histoire et doctrine des rose-croix*. S.l.p.: Amitiés spirituelles, 1932.

STEINER, Rudolf. *Théosophie du rose-croix*. S.l.p.: Éd. Anthroposophiques romandes, 1979.

———. *Christian Rose-Croix*. S.l.p.: Éd. Anthoroposophiques romandes, 1979.

WITTERMANS. *Histoire des rose-croix*. S.l.p.: Robert Dumas, 1975.

YATES, Frances. *La Lumière des Rose-Croix*. S.l.p.: Éd. Retz, 1978.

MADRAS® Editora CADASTRO/MALA DIRETA

Envie este cadastro preenchido e passará a receber informações dos nossos lançamentos, nas áreas que determinar.

Nome _____
RG _____ CPF _____
Endereço Residencial _____
Bairro _____ Cidade _____ Estado ___
CEP _____ Fone _____
E-mail _____
Sexo ❏ Fem. ❏ Masc.   Nascimento _____
Profissão _____ Escolaridade (Nível/Curso) _____

Você compra livros:
❏ livrarias   ❏ feiras   ❏ telefone   ❏ Sedex livro (reembolso postal mais rápido)
❏ outros: _____

Quais os tipos de literatura que você lê:
❏ Jurídicos   ❏ Pedagogia   ❏ Business   ❏ Romances/espíritas
❏ Esoterismo ❏ Psicologia ❏ Saúde   ❏ Espíritas/doutrinas
❏ Bruxaria   ❏ Auto-ajuda ❏ Maçonaria ❏ Outros:

Qual a sua opinião a respeito dessa obra? _____
_____

Indique amigos que gostariam de receber MALA DIRETA:
Nome _____
Endereço Residencial _____
Bairro _____ Cidade _____ CEP _____

Nome do livro adquirido: ***Dicionário Rosa-Cruzes***

Para receber catálogos, lista de preços e outras informações, escreva para:

MADRAS EDITORA LTDA.
Rua Paulo Gonçalves, 88 — Santana — 02403-020 — São Paulo/SP
Caixa Postal 12299 — CEP 02013-970 — SP
Tel.: (0__11) 6959-1127 — Fax.:(0__11) 6959-3090
www.madras.com.br

Este livro foi composto em Times New Roman, corpo 11/12.
Papel Offset 75g
Impressão e Acabamento
Gráfica Palas Athena – Rua Serra de Paracaina, 240 – Cambuci – São Paulo/SP
CEP 01522-020 – Tel.: (0_ _11) 3209-6288 – e-mail: editora@palasathena.org